Strade blu

Roberto Saviano

LA BELLEZZA
E L'INFERNO

Scritti 2004-2009

MONDADORI

La bellezza e l'inferno
di Roberto Saviano
Collezione Strade blu

ISBN 978-88-04-59413-0

© 2004-2009 by Roberto Saviano
Published by arrangement with Roberto Santachiara Agenzia Letteraria
© 2009 Arnoldo Mondadori Editore S.p.A., Milano
I edizione giugno 2009

La bellezza e l'inferno

A M., luce in questa lunga notte

Il pericolo di leggere

Scrivere, in questi anni, mi ha dato la possibilità di esistere. Articoli e reportage. Racconti e editoriali. Un lavoro che per me non è stato semplicemente un lavoro. Ha coinciso con la mia vita stessa. Se qualcuno ha sperato che vivere in una situazione difficilissima potesse indurmi a nascondere le mie parole, ha sbagliato. Non le ho nascoste, non le ho perdute. Ma questo ha coinciso anche con una lotta, una lotta quotidiana, un corpo a corpo silenzioso, come un combattimento ombra. Scrivere, non fare a meno delle mie parole, ha significato non perdermi. Non darmi per vinto. Non disperare.

Ho scritto in una decina di case diverse, nessuna abitata per più di qualche mese. Tutte piccole o piccolissime, tutte, ma proprio tutte, dannatamente buie. Le avrei volute più spaziose, più luminose, volevo almeno un balcone, un terrazzo: lo desideravo come un tempo avrei desiderato viaggi, orizzonti lontani. Una possibilità di uscire, respirare, guardarmi intorno. Ma nessuno me le fittava. Non potevo scegliere, non potevo girare per cercarle, non potevo nemmeno decidere da solo dove abitare. E se diventava noto che io stavo in quella via, in quella casa, allora ero subito costretto a lasciarla. È la situazione di molti che vivono nelle mie condizioni. Ti presenti a vedere l'appartamento che con fatica i carabinieri hanno selezionato cominciando pure a mediare col proprietario, ma appena quello ti riconosce le risposte si assomigliano: «La stimo moltissimo, dottore, ma non posso proprio mettermi nei guai, ho già molti problemi»; oppure «fosse per me non ci sarebbero problemi: è che ho dei figli, una famiglia, sa, devo pensare alla loro sicurezza», e – terza e ultima – «io glielo darei subito e anche gratis, ma il condominio mi metterebbe in croce. Capisce, qui la gente ha paura». L'altra categoria è quella dei soliti sciacalli. Arrivano con la solidarietà – «gliela do io, la casa» – e poi ti impongono un fitto quattro volte maggiore di quello che avrebbero chiesto a chiunque altro: «Io mi prendo il rischio, come no, ma sa, purtroppo qui tutto quanto costa». Però accanto a questa paura, che spesso è solo una copertura vile per non voler essere ascritti a una parte – in questo caso alla mia –, ci sono stati anche i gesti di molte persone, tutte persone che non conoscevo, che mi hanno offerto un rifugio, una stanza, amicizia, calore. E anche se spesso non ho potuto accettare le loro proposte per motivi di sicurezza, ho scritto pure in questi luoghi ospitali e colmi di affetto.

Molte delle pagine riunite in questo libro non le ho nemmeno scritte in una casa, ma in una camera d'albergo. Gli alberghi tutti uguali da dove sono passato in questi anni e che ho sempre continuato a odiare. Anche le camere di quegli alberghi sono buie e non ci sono finestre da poter aprire. Non ci sono finestre, non c'è aria. Di notte sudi. Se accendi l'aria condizionata perché ti sembra di soffocare, il sudore ti si asciuga addosso e il giorno dopo ti gratta la gola. All'estero è capitato che in un luogo magari uno di quelli che prima sognavo di visitare, non vedessi nient'altro che quelle camere d'albergo e il profilo della città dietro i vetri oscurati di una macchina blindata. Non si fidavano a lasciarmi uscire a fare due passi, neanche con la scorta che mi avevano assegnato. Spesso non si fidano nemmeno a lasciarmi nello stesso albergo per più di una notte. Più sono posti civili, tranquilli, dove la criminalità e le mafie sembrano lontane e dove io mi sento totalmente sicuro, più ti trattano come qualcuno o qualcosa che potrebbe esplodergli sotto gli occhi. Sono gentilissimi, organizzatissimi. Però ti trattano con dei guanti

che non sai se sono da cerimonia o da artificieri. E tu non capi-
sci se sei più un pacchetto regalo o un pacco-bomba.

Più spesso ancora ho vissuto nelle stanze di una caserma dei
carabinieri. Dentro le narici l'odore del grasso degli anfibi dei miei
vicini appuntati, nelle orecchie il sottofondo della televisione che
trasmetteva partite di calcio e le loro bestemmie quando venivа-
no richiamati in servizio o quando segnava la squadra avversa-
ria. Sabato, domenica, giorni mortali. Nel ventre quasi vuoto e
immobile di una grande, vecchia balena fatta per operare. Men-
tre fuori intuisci movimento, senti grida, c'è il sole, è già esta-
te. E capita che sai pure dove sei, sai che se potessi uscire, in due
minuti passeresti davanti alla tua vecchia casa, la prima dove ti
dissero «mo' finalmente te ne stai andando», e in altri cinque o
dieci saresti al mare. Ma non puoi farlo.

Però puoi scrivere. Devi scrivere. Devi e vuoi continuare. Il
cinismo che contraddistingue molta parte degli addetti ai lavori
lascia intravedere sempre una sorta di diffidenza per tutto quel-
lo che non ha uno scopo preciso, un disegno chiaro. O il distacco
di chi vuole solo fare un buon libro, costruire una storia, lima-
re le parole sino a ottenere uno stile bello e riconoscibile. È que-
sto ciò che deve fare uno scrittore? Questo e nient'altro è lette-
ratura? Allora, per quanto mi riguarda, preferirei non scrivere
né assomigliare a queste persone.

Bisogno di distruggere tutto ciò che può essere desiderio e vo-
glia: questo è il cinismo. Il cinismo è l'armatura dei disperati che
non sanno di esserlo. Vedono tutto come una manovra furba per
arricchirsi, la pretesa di cambiare come un'ingenuità da appren-
disti stregoni e la scrittura che vuole arrivare a molti come una
forma di impostura da piazzisti. A questi signori diffidenti e pe-
rennemente armati del ghigno di chi sa già che tutto finirà male
nulla può essere tolto, perché non hanno più nulla per cui val-
ga la pena di lottare. Però non possono essere cacciati dalle loro
case che sono spesso allestite con gusto, curate. La loro arte, la
loro idea della parola, somiglia a quelle case belle e non vuole ab-
bandonare il loro perimetro ben arredato Ma nel privilegio dei-

le loro vite disilluse e protette, non hanno idea di che cosa possa veramente voler dire scrivere.

Scrivere, adesso, diventa anche un mezzo per dare voce al dolore che ho provato nei primi mesi, quando il venticello delle accuse e delle calunnie montava in proporzione alle vendite del mio libro. Nei primi tempi, quando i soliti zelanti personaggi me le riportavano, mi sentivo piagare lo stomaco di rabbia.

"Gliel'ha scritto un altro." "Io gli riscrivo gli articoli che manda al giornale." "Ho le prove, è un cialtrone." "A ventisei anni si gioca a pallone, questo non può già scrivere così." "È un latin lover da strapazzo." "È un tossico che si veste come uno zingaro." "È controllato da qualche politico." "L'ho costruito io. Credetemi, io conosco tutte le sue debolezze." "Quello vuole solo fama e danaro." Oggi tutte queste idiozie da rancorosi o semplicemente da chi avrebbe tanto voluto avere una qualche visibilità mi fanno quasi ridere, e anzi le conservo in una sorta di stupidario che consiglio di raccogliere a chiunque incorra in un destino simile al mio: emergere, soprattutto al Sud, in un contesto dove il solo diritto di respirare lo devi spesso barattare con la compromissione dell'anima e la castrazione di ogni sogno.

In questo stupidario trovano posto per esempio le lettere ricevute dai molti avvocati di sedicenti amici o parenti di qualcuno di cui mi sono occupato scrivendo, lettere che mi chiedevano con eufemismi qualcosa il cui senso era: o paghi o diciamo che hai mentito, copiato, oppure cerchiamo contatti con la stampa per insinuare il dubbio, per "fare stillicidio mediatico". Frasi come questa mi hanno mostrato in maniera chiara quanto per tutti costoro io sia diventato un incubo: perché le mie parole, nelle mani di tanti lettori, hanno saputo dimostrare come le storie che quelli credevano controllabili, ascoltabili solo da pochi, potessero invece divenire uno strumento per cambiare. Sono divenute storie di tutti.

Subire tutto questo mi sembrava incredibile. Poi un giorno, all'Accademia di Stoccolma, Salman Rushdie mi disse: «La vita non piace ai morti. A tutti coloro che per lavorare devono vendersi, tutti coloro che per scrivere devono fare compromessi. Tutti quel-

li per i quali se tu esisti significa che si può agire in un modo diverso dal loro. Ti rendi conto di quanto fastidioso sei?».Col tempo ho capito che potevo essere davvero fastidioso e odioso per coloro che detestano il mio modo di scrivere, di essere e apparire. Coloro che vorrebbero che mi nascondessi, che fossi più discreto, che non mi presentassi nelle università o in prima serata in tv. Coloro che preferiscono che ci sia solo e soltanto evasione e spettacolo perché questo garantisce proprio a loro una sorta di monopolio della serietà. E col tempo ho imparato a misurare il valore delle parole anche dai nemici che di volta in volta mi trovo di fronte. Quando qualcuno mi riferisce che ricevo attacchi da alcuni giornali, da certi personaggi o programmi televisivi, so di aver agito bene. So che più si cerca di delegittimarmi, più le mie parole fanno paura. Più forte è il cachinno di molti intellettuali infastiditi, più significa che le mie parole sono per loro assordanti.

Tutto questo mi ha veramente fatto apprezzare chi mi critica senza infangarmi e insultarmi, senza inventare gogne e frottole. Solo un confronto critico leale permette di crescere e migliorarsi, mentre il pensiero totalitario che si nasconde dietro il cinismo di certo mondo mediatico è il mio peggior nemico. Lo ritengo un alleato, a volte inconsapevole, del potere criminale. Se si ha bisogno di mostrare che tutti sono sporchi, che tutto è marcio, che dietro ogni tentativo di cambiamento si cela un pretesto o una menzogna, allora qualsiasi cosa vale un'altra, tutto è lecito e possibile. Questo atteggiamento è l'anestetico che spinge a promuovere chi "onestamente" si fa corrompere, chi accetta il compromesso, chi sceglie solo il saccheggio, la sopravvivenza, la pornografia di stare a guardare e godere del peggio che ogni giorno ti arriva a casa. Ogni cosa è giustificata perché si è sempre agito così, perché tutti fanno così o, peggio, perché non si può che agire in questo modo.

Per me scrivere è sempre il contrario di tutto questo. Uscire. Riuscire a iscrivere una parola nel mondo, passarla a qualcuno come un biglietto con un'informazione clandestina, uno di quelli che devi leggere, mandare a memoria e poi distruggere: appallottolandolo, mischiandolo con la tua saliva, facendolo macerare nel tuo stomaco. Scrivere è resistere, è fare resistenza. La puntata in cui andava in onda la mia intervista con Enzo Biagi portava proprio questo nel titolo. Si chiamava "Resistenza e resistenze". La mia vicenda di questi anni mi ha permesso anche di incontrare molte persone che non potrò mai dimenticare. Mi ha dato la possibilità di trovarmi proprio con Enzo Biagi, di ricevere la sua attenzione, vedere che quell'uomo anziano aveva ancora tanta voglia di interrogarsi attraverso le domande fatte ad altri, di capire il nostro tempo e il nostro Paese. Non basta avergli detto addio ai suoi funerali, aver scritto una pagina o due dopo la sua morte. Bisogna ricambiare l'attenzione anche dopo, bisogna farlo restare con noi, ancora un poco. A questo servono le parole quando si riuniscono in un libro, in qualcosa che è destinato a durare.

E poi Miriam Makeba, la grande "Mama Africa", la voce che cantava la libertà di un continente e invece è morta a Castel Volturno, dopo un concerto per ricordare sei fratelli uccisi dalla camorra e per esprimere la sua vicinanza a me che non aveva mai incontrato, bersaglio di un nemico di cui lei non conosceva nemmeno il nome. Eppure l'ha fatto. Non stava bene, ma è venuta ugualmente. Ha cantato davanti a poche persone, lei che aveva riempito interi stadi. Ed è morta nella mia terra che è divenuta anche la sua. D'ora in avanti la lotta per quella terra, la lotta mia e di chiunque abbia desiderio di continuarla, porterà iscritto nella sua bandiera invisibile anche il nome di Miriam Makeba.

Nello stadio del Barcellona ero scortato dai Mossos, i corpi speciali della polizia catalana che volevano portarmi a vedere la partita circondato da un cubo di vetro antiproiettile e che poi, mossi a compassione, mi hanno risparmiato quel nuovo grottesco tipo di prigione. Ho incontrato Lionel Messi, l'attaccante argentino del Barça, il ragazzo che è riuscito a rifare, identico, il gol più bello di Diego Armando Maradona. Ha una faccia da bimbo che non dice nulla delle sofferenze che ha patito per anni e anni, delle iniezioni quotidiane di ormoni che gli hanno permesso di crescere e divenire un campione, il più grande giocatore dei nostri giorni. Lo chiamano "la Pulce" ancora oggi. Sembrava impossibile che pur con tutto il suo talento potesse farsi valere in partite fatte di giocate aeree, di scontri fisici fra titani. Ma anche il calcio può divenire resistenza, un'arte che ti si incarna in ogni centimetro di ossa allungate, in ogni lembo di carne che vi cresce intorno. E se dovessi proprio esprimere un desiderio, uno di quelli impossibili, vorrei che le mie pagine somigliassero a una delle corse di Lionel Messi verso la porta avversaria, veloce, velocissimo, palla incollata al piede, non importa se poi riesce a mandarla in rete o se la passa a un compagno più smarcato. La cosa più importante non è il gol, ma venire in avanti, dribblare, fintare, non perdere la palla.

A volte però mi trovo a guardare indietro. E allora so a chi questo libro non è destinato. So che non va a tutte quelle persone con cui sono cresciuto, che si sono accontentate di galleggiare, bestemmiare al tavolo del bar, tirare a campare in giorni tutti uguali. Non va ai rassegnati, ai cinici pigri. Appagati da una sagra o da una serata in pizzeria. Rimasti fermi a scambiarsi le fidanzate, scegliendo tra chi è rimasto spaiato come le scarpe dentro scatole impolverate, dimenticate in fondo a un armadio. A chi crede che per diventare adulti bisogna caricarsi in groppa i fallimenti di un altro, piuttosto che rilanciarsi insieme in una sfida. A queste persone non va. Certamente si sa per chi si scrive, ma si sa anche per chi non si scrive. Io non scrivo per loro. Non scrivo per persone nelle quali non mi riconosco, non scrivo mandando lettere verso un passato che non posso né voglio più raggiungere. Perché se guardo indietro so che rischio di finire come la moglie di Lot, trasformata in statua di sale mentre guardava la distruzione delle città di Sodoma e Gomorra. È questo quel che fa il dolore quando non ha nessuno sbocco e nessun senso: ti pietrifica. Come se i tuoi pianti o quelli che non riesci a versare, a contatto col tuo rancore e col tuo odio si rapprendessero in tanti cristalli, divenendo una trappola mortale Allora, quando mi guardo indietro, l'unica cosa che mi resta, in cui mi riconosco, che riesce a circoscrivere un perimetro e un percorso come il contorno di un corpo che vive e respira, sono le mie parole. Per questo ho voluto includere tra queste pagine anche alcuni scritti nati prima che uscisse Gomorra, offrirli a coloro ai quali questo libro è destinato.

Questo libro va ai miei lettori. A chi ha reso possibile che Gomorra divenisse un testo pericoloso per certi poteri che hanno bisogno di silenzio e ombra, a chi ha assimilato le sue parole a chi lo ha passato agli amici, ai familiari, a chi lo ha fatto adottare nelle scuole. A chi si è ritrovato nelle piazze per leggerne delle pagine, testimoniando che la mia vicenda era divenuta la vicenda di tutti, perché lo erano divenute le mie parole. A tutti loro va questo libro, perché senza di loro non so se ce l'avrei fatta ad andare avanti. Non so se ce l'avrei fatta a continuare a scrivere e quindi a resistere e quindi a esistere pensando a un futuro. Sapendo che la mia vita blindata era comunque una vita. E sapendo soprattutto che senza i miei lettori non avrei mai trovato lo spazio che ho avuto, le prime pagine dei giornali, le telecamere in prima serata. Se non avessi avuto tanti lettori, lettori che del mio libro hanno fatto qualcosa di più di un oggetto che, una volta finito, infili nel posto che gli è destinato accanto agli altri nella tua libreria, nulla di tutto questo mi sarebbe mai stato concesso. E se sono diventato un "fenomeno mediatico", questo lo devo in fondo ai miei lettori.

In questi anni io ho compreso l'importanza del confronto mediatico. Quando dietro non ci sono il vuoto, il gossip, la trama di finzioni che non fanno altro che distrarre e consolare, ma ci sono la voglia e il desiderio di tanti di sapere e di cambiare, perché non possono essere usati tutti i mezzi, i media, possibili per unire le forze? Perché averne tanto sospetto o paura?

Ma in fondo la capisco, quella paura. E mi viene in mente una cosa strana, difficile da spiegare. In tutte le interviste, in tutti i Paesi dove il mio libro è stato pubblicato, mi chiedono sempre: «Ma lei non ha paura?». Domanda che chiaramente si riferisce alla paura che mi possano ammazzare. «No» rispondo subito, e lì mi fermo. Poi mi capita di pensare che chissà quanti non mi crederanno. Invece è così. Davvero. Ho avuto e ho tante paure, ma quella di morire non la avverto quasi mai. La peggiore delle mie paure, quella

che mi assilla di continuo, è che riescano a diffamarmi, a distrug-
gere la mia credibilità, a infangare ciò per cui mi sono speso e ho
pagato. Lo hanno fatto con tutti coloro che hanno deciso di raccon-
tare e denunciare. Lo hanno fatto con don Peppino Diana, prete
ammazzato e infamato dal giorno dopo la sua morte. Con Federi-
co Del Prete, sindacalista massacrato a Casal di Principe nel 2002
e schiacciato dalla calunnia il giorno stesso del suo funerale. Con
Salvatore Nuvoletta, un carabiniere di appena vent'anni ucciso
nel 1982 a Marano e subito sepolto dal sospetto di essere imparen-
tato con l'omonima potentissima famiglia camorrista.

Ho avuto anche un altro tipo di paura, più complicata. Pau-
ra della mia immagine. Paura che se mi fossi esposto troppo, se
fossi diventato troppo "personaggio", non sarei più stato ciò che
ho voluto essere. C'è una frase di Truman Capote che spesso mi è
girata nella testa in questi anni, vera e terribile: "Si versano più
lacrime per le preghiere esaudite che per quelle non accolte". Se
ho avuto un sogno, è stato quello di incidere con le mie parole,
di dimostrare che la parola letteraria può ancora avere un peso e
il potere di cambiare la realtà. Pur con tutto quello che mi è suc-
cesso, la mia "preghiera", grazie ai miei lettori, è stata esaudita.
Ma sono anche divenuto altro da quel che avevo sempre immagi-
nato. Ed è stato doloroso, difficile da accettare, finché non ho ca-
pito che nessuno sceglie il suo destino. Però può sempre scegliere
la maniera in cui starci dentro. Per quanto mi riesce, voglio pro-
vare a farlo nel migliore dei modi, perché è questo ciò che sento
di dovere a tutti coloro che mi hanno sostenuto.

Per questo, se mi invitano a parlare in televisione e so che mi
ascolteranno in molti, cerco solamente di farlo bene, senza scon-
ti, addolcimenti, semplificazioni. Per questo, quel che ho scelto di
mettere in questo libro non è né vuole essere omogeneo. Ciò che ho
scritto in questi anni ha tante voci diverse che nascono sia dalla
voglia di inseguire liberamente ciò che mi appassiona, sia da un
senso del dovere. Andare a vedere quel che succede in Abruzzo
dopo il terremoto, per esempio. O continuare a seguire le vicende
degli affari criminali, soprattutto dove questi generano ricchez-

za per pochi e seminano morte per molte, moltissime generazioni, come è accaduto per la questione dei rifiuti tossici intombati in ogni lembo della mia terra. Ormai non temo più di servirmi di ogni mezzo – tv, web, radio, musica, cinema, teatro –, perché credo che i media, se usati senza cinismo e senza facile furbizia, siano esattamente quel che significa il loro nome. Mezzi che consentono di rompere una coltre di indifferenza, di amplificare quel che spesso già da solo dovrebbe urlare al cielo.

Il titolo di questo libro vuole dire una cosa semplice. Vuole ricordare che da un lato esistono la libertà e la bellezza necessarie per chi scrive e per chi vive, dall'altro esiste il loro contrario, la loro negazione: l'inferno che sembra continuamente prevalere. In uno dei suoi libri più importanti, L'uomo in rivolta, Albert Camus, che è uno scrittore che amo molto, racconta la seguente storia. Parla di un sottotenente tedesco finito in Siberia, in un campo dove "regnavano il freddo e la fame", che "si era costruito, con tasti di legno, un pianoforte silenzioso. Là, nell'infoltirsi della miseria, in mezzo a una turba cenciosa, componeva una strana musica che era il solo a udire". "Così" continua Camus, "gettate nell'inferno, misteriose melodie e immagini crudeli della bellezza fuggita ci arrecheranno sempre, in mezzo al delitto e alla pazzia, l'eco di quell'insurrezione armoniosa che attesta lungo i secoli la grandezza umana." E subito dopo aggiunge una piccola frase a cui non sembra dare un peso particolare. Per me, invece, l'ha acquisito. Anche perché mi fa risuonare le parole indimenticabili di un uomo – Giovanni Falcone – che una volta disse che la mafia è un fenomeno umano e come tutti i fenomeni umani ha un inizio e avrà quindi anche una fine. Ecco allora quel che scrive Camus: "Ma l'inferno ha un tempo solo, la vita un giorno ricomincia".

È quello che credo, spero, voglio e desidero anch'io.

SUD

Lettera alla mia terra

I responsabili hanno dei nomi. Hanno dei volti. Hanno persino un'anima. O forse no. Giuseppe Setola, Alessandro Cirillo, Oreste Spagnuolo, Giovanni Letizia, Emilio Di Caterino, Pietro Vargas stanno portando avanti una strategia militare violentissima. Sono autorizzati dai boss latitanti Michele Zagaria e Antonio Iovine, e si nascondono intorno a Lago Patria. Tra di loro si sentiranno combattenti solitari, guerrieri che cercano di farla pagare a tutti, ultimi vendicatori di una delle più sventurate e feroci terre d'Europa. Se la racconteranno così.

Ma Giuseppe Setola, Alessandro Cirillo, Oreste Spagnuolo, Giovanni Letizia, Emilio Di Caterino e Pietro Vargas sono vigliacchi, in realtà: assassini senza alcun tipo di abilità militare. Per ammazzare svuotano caricatori all'impazzata, per caricarsi si strafanno di cocaina e si gonfiano di Fernet Branca e vodka. Sparano a persone disarmate, colte all'improvviso o prese alle spalle. Non si sono mai confrontati con altri uomini armati. Dinanzi a questi tremerebbero, e invece si sentono forti e sicuri uccidendo inermi, spesso anziani o ragazzi giovani. Ingannandoli e prendendoli alle spalle.

E io mi chiedo: nella vostra terra, nella nostra terra sono ormai mesi e mesi che un manipolo di killer si aggira indisturbato massacrando soprattutto persone innocenti. Sono

19

cinque, sei killer, sempre gli stessi. Com'è possibile? Mi chiedo: ma questa terra come si vede, come si rappresenta a se stessa, come si immagina? Come ve la immaginate voi la vostra terra, il vostro paese? Come vi sentite quando andate al lavoro, passeggiate, fate l'amore? Vi ponete il problema, o vi basta dire "così è sempre stato e sempre sarà così"?

Davvero vi basta credere che nulla di ciò che accade dipende dal vostro impegno o dalla vostra indignazione? Che in fondo tutti hanno di che campare e quindi tanto vale vivere la propria vita quotidiana e nient'altro? Vi bastano queste risposte per andare avanti? Vi basta dire "non faccio niente di male, sono una persona onesta" per sentirvi innocenti? Lasciarvi passare le notizie sulla pelle e sull'anima? Tanto è sempre stato così, o no? O delegare ad associazioni, Chiesa, militanti, giornalisti e altri il compito di denunciare vi rende tranquilli? Di una tranquillità che vi fa andare a letto magari non felici ma in pace? Vi basta veramente?

Questo gruppo di fuoco ha ucciso soprattutto innocenti. In qualsiasi altro Paese la libertà d'azione di un simile branco di assassini avrebbe generato dibattiti, scontri politici, riflessioni. Invece qui si tratta solo di crimini connaturati a un territorio considerato una delle province del buco del culo d'Italia. E quindi gli inquirenti, i carabinieri e i poliziotti, i quattro cronisti che seguono le vicende restano soli. Neanche chi nel resto del Paese legge un giornale sa che questi killer usano sempre la stessa strategia: si fingono poliziotti. Hanno lampeggiante e paletta, dicono di essere della Dia o di dover fare un controllo di documenti. Ricorrono a un trucco da due soldi per ammazzare con più facilità. E vivono come bestie: tra masserie di bufale, case di periferia, garage.

Hanno ucciso sedici persone. La mattanza comincia il 2 maggio 2008 verso le sei del mattino in una masseria di bufale a Cancello Arnone. Ammazzano il padre del pentito Domenico Bidognetti, cugino ed ex fedelissimo di Cic-

ciotto 'e mezzanotte. Umberto Bidognetti aveva sessanta-
nove anni e in genere era accompagnato pure dal figlio di
Mimì, che giusto quella mattina non era riuscito a tirarsi
su dal letto per aiutare il nonno.

Il 15 maggio uccidono a Baia Verde, frazione di Castel Volturno, il sessantacinquenne Domenico Noviello, titolare di
una scuola guida. Domenico Noviello si era opposto al racket otto anni prima. Era stato sotto scorta, ma poi il ciclo di
protezione era finito. Non sapeva di essere nel mirino, non
se l'aspettava. Gli scaricano addosso venti colpi mentre con
la sua Panda sta andando a fare una sosta al bar prima di
aprire l'autoscuola. La sua esecuzione è anche un messaggio alla polizia che avrebbe celebrato la sua festa proprio a
Casal di Principe, tre giorni dopo, e ancor più una chiara
dichiarazione: può passare quasi un decennio ma i Casalesi non dimenticano.

Prima ancora, il 13 maggio, distruggono con un incendio
la fabbrica di materassi di Pietro Russo a Santa Maria Capua
Vetere. È l'unico dei loro bersagli ad avere una scorta. Perché
è stato l'unico che, con Tano Grasso, aveva tentato di organizzare un fronte contro il racket in terra casalese. Poi, il 30
maggio, a Villaricca colpiscono alla pancia Francesca Carrino, una ragazza, venticinque anni, nipote di Anna Carrino,
la ex compagna di Francesco Bidognetti, che si è pentita. Era
in casa con la madre e con la nonna, ma era stata lei ad aprire
la porta ai killer che si spacciavano per agenti della Dia.

Non passa nemmeno un giorno che a Casal di Principe, mentre dopo pranzo sta per andare al Roxy Bar, uccidono Michele Orsi, imprenditore dei rifiuti vicino al clan,
che, arrestato l'anno prima, aveva cominciato a collabora-
re con la magistratura svelando gli intrighi rifiuti-politica-
camorra. È un omicidio eccellente, che fa clamore, solleva
polemiche, fa alzare la voce ai rappresentanti dello Stato.
Ma non fa fermare i killer.

L'11 luglio uccidono al lido La Fiorente di Varcaturo Raffaele Granata, settant'anni, gestore dello stabilimento balneare e padre del sindaco di Calvizzano. Anche lui paga per non avere anni prima ceduto alle volontà del clan. Il 4 agosto massacrano a Castel Volturno Ziber Dani e Arthur Kazani che stavano seduti ai tavoli all'aperto del bar Kubana e, il 21 agosto, Ramis Doda, venticinque anni, davanti al bar Freedom di San Marcellino. Le vittime sono albanesi che arrotondavano con lo spaccio, ma avevano il permesso di soggiorno e lavoravano nei cantieri come muratori e imbianchini.

Poi il 18 agosto aprono un fuoco indiscriminato contro la villetta di Teddy Egonwman, presidente dei nigeriani in Campania, ferendo gravemente lui, sua moglie Alice e altri tre amici.

Tornano a San Marcellino il 12 settembre per uccidere Antonio Ciardullo ed Ernesto Fabozzi, massacrati mentre stavano facendo manutenzione ai camion della ditta di trasporti di cui il primo era titolare. Anche lui non aveva obbedito, e chi gli era accanto è stato ucciso perché testimone.

Infine, il 18 settembre, crivellano prima Antonio Celiento, titolare di una sala giochi a Baia Verde, e un quarto d'ora dopo aprono un fuoco di centotrenta proiettili di pistole e kalashnikov contro gli africani riuniti dentro e davanti la sartoria Ob Ob Exotic Fashion di Castel Volturno. Muoiono Samuel Kwaku, ventisei anni, e Alaj Ababa, del Togo; Cristopher Adams e Alex Geemes, ventotto anni, liberiani; Kwame Yulius Francis, trentun anni, ed Eric Yeboah, venticinque, ghanesi, mentre viene ricoverato con ferite gravi Joseph Ayimbora, trentaquattro anni, anche lui del Ghana. Solo uno o due di loro avevano forse a che fare con la droga, gli altri erano lì per caso, lavoravano duro nei cantieri o dove capitava, e pure nella sartoria.

Sedici vittime in meno di sei mesi. Qualsiasi Paese democratico con una situazione del genere avrebbe vacillato. Qui da noi, nonostante tutto, neanche se n'è parlato. Neanche si era a conoscenza, da Roma in su, di questa scia di sangue e di questo terrorismo, che non parla arabo, che non ha stelle a cinque punte, ma comanda e domina senza contrasto.

Ammazzano chiunque si opponga. Ammazzano chiunque capiti sotto tiro, senza riguardi per nessuno. La lista dei morti potrebbe essere più lunga, molto più lunga. E per tutti questi mesi nessuno ha informato l'opinione pubblica che girava questa "paranza di fuoco". Paranza, come le barche che escono a pescare insieme in alto mare. Ma questa paranza, nell'inganno delle reti, fa cadere esseri umani, non spigole. Nessuno ne ha rivelato i nomi sino a quando non hanno fatto strage a Castel Volturno.

Ma sono sempre gli stessi, usano sempre le stesse armi, anche se cercano di modificarle per trarre in inganno la Scientifica, segno che ne hanno a disposizione poche. Non entrano in contatto con le famiglie, stanno rigorosamente fra di loro. Ogni tanto qualcuno li intravede nei bar di qualche paesone, dove si fermano per riempirsi d'alcol. E da sei mesi nessuno riesce ad acciuffarli.

Castel Volturno, territorio in cui è avvenuta la maggior parte dei delitti, non è un luogo qualsiasi. Non è un quartiere degradato, un ghetto per reietti e sfruttati come se ne possono trovare altrove, anche se ormai certe sue zone somigliano più alle *townships* dell'Africa che al luogo di turismo balneare per il quale erano state costruite le sue villette. Castel Volturno è il luogo dove i Coppola edificarono la più grande cittadella abusiva del mondo, il celebre Villaggio Coppola.

Ottocentosessantatremila metri quadrati occupati col cemento. Che abusivamente presero il posto di una delle più grandi pinete marittime del Mediterraneo. Abusivo l'ospedale, abusiva la caserma dei carabinieri, abusive le poste. Tutto abusivo. Ci andarono ad abitare le famiglie dei soldati della Nato. Quando se ne andarono, finita la guerra fredda, il territorio cadde nell'abbandono più totale e divenne tutto feudo di Francesco Bidognetti e al tempo stesso territorio della mafia nigeriana.

I nigeriani hanno una mafia potente con la quale ai Casalesi conveniva allearsi, il loro Paese è diventato uno snodo nel traffico internazionale di cocaina e le organizzazioni nigeriane sono potentissime, capaci di investire soprattutto nei money transfer, i punti da cui tutti gli immigrati del mondo inviano i soldi a casa. Attraverso questi, i nigeriani controllano soldi e persone. Da Castel Volturno transita la coca africana diretta principalmente in Inghilterra. Le tasse sul traffico che quindi il clan impone non sono soltanto il pizzo sullo spaccio al minuto, ma accordi di una sorta di joint venture. Ora però i nigeriani sono potenti, potentissimi. Così come lo è la mafia albanese, con la quale i Casalesi sono in affari.

Il clan si sta slabbrando, teme di non essere più riconosciuto come chi comanda per primo e per ultimo sul territorio. Ed ecco che nei vuoti si insinuano gli uomini della paranza. Uccidono dei pesci piccoli albanesi come azione dimostrativa, fanno strage di africani – e fra questi nessuno viene dalla Nigeria –, colpiscono gli ultimi anelli della catena di gerarchie etniche e criminali. Muoiono ragazzi onesti, ma come sempre, in questa terra, per morire non dev'esserci una ragione.

E basta poco per essere diffamati. I ragazzi africani uccisi sono immediatamente tutti "trafficanti" come furono "camorristi" Giuseppe Rovescio e Vincenzo Natale, ammazzati a Villa Literno il 23 settembre 2003 perché erano fermi a prendere una birra vicino a Francesco Galoppo, affiliato del clan Bidognetti. Anche loro furono subito battezzati come criminali.

Non è la prima volta che si compie da quelle parti una mattanza di immigrati. Nel 1990 Augusto La Torre, boss di Mondragone, partì con i suoi fedelissimi alla volta di un bar che, pur gestito da italiani, era diventato un punto di incon-

24

tro per lo spaccio degli africani. Tutto avveniva sempre lungo la statale Domitiana, a Pescopagano, pochi chilometri a nord di Castel Volturno, però già in territorio mondragonese. Uccisero sei persone, fra cui il gestore e suo figlio di quattordici anni rimasto con la spina dorsale spaccata da un proiettile. Anche quello era stato il culmine di una serie di azioni contro gli stranieri, ma i Casalesi, che pure approvavano le intimidazioni, non gradirono la strage. La Torre dovette incassare critiche pesanti da parte di Francesco "Sandokan" Schiavone. Ora invece i tempi sono cambiati e permettono di lasciar esercitare una violenza indiscriminata a un gruppo di cocainomani armati.

Chiedo di nuovo alla mia terra che immagine abbia di sé. Lo chiedo anche a tutte quelle associazioni di donne e uomini che in grande silenzio qui lavorano e si impegnano. A quei pochi politici che riescono a rimanere credibili, che resistono alle tentazioni della collusione o della rinuncia a combattere il potere dei clan. A tutti coloro che fanno bene il proprio lavoro, a tutti coloro che cercano di vivere onestamente, come in qualsiasi altra parte del mondo. A tutte queste persone. Che sono sempre di più, ma sono sempre più sole.

Come vi immaginate questa terra? Se è vero, come disse Danilo Dolci, che ciascuno cresce solo se è sognato, voi come ve li sognate questi luoghi? Non c'è stata mai così tanta attenzione rivolta alle vostre terre e a quel che lì è avvenuto e avviene. Eppure non sembra cambiato molto. I due boss che comandano continuano a comandare e a essere liberi. Antonio Iovine e Michele Zagaria. Dodici anni di latitanza. Anche di loro si sa dove sono. Il primo è a San Cipriano d'Aversa, il secondo a Casapesenna. In un territorio grande come un fazzoletto di terra, possibile che non si riesca a scovarli?

È storia antica quella dei latitanti ricercati in tutto il mondo e poi trovati proprio a casa loro. Ma è storia nuova che ormai ne abbiano parlato più e più volte giornali e tv, che politici di ogni colore abbiano promesso che li faranno arrestare. E intanto il tempo passa e nulla accade. E sono lì. Passeggiano, parlano, incontrano persone.

Ho visto che nella mia terra sono comparse scritte contro di me. "Saviano merda." "Saviano verme." E un'enorme bara con il mio nome. E poi insulti, continue denigrazioni a partire dalla più ricorrente e banale: "Quello s'è fatto i soldi". Col mio lavoro di scrittore adesso riesco a vivere e, per fortuna, a pagarmi gli avvocati.

E loro? Loro che comandano imperi economici e si fanno costruire ville faraoniche in paesi dove non ci sono nemmeno le strade asfaltate? Loro che per lo smaltimento di rifiuti tossici sono riusciti in una sola operazione a incassare sino a cinquecento milioni di euro e hanno imbottito la nostra terra di veleni al punto tale da far lievitare del ventiquattro per cento certi tumori, e le malformazioni congenite dell'ottantaquattro per cento? Soldi veri che generano, secondo l'Osservatorio epidemiologico campano, una media di 7172,5 morti per tumore all'anno in Campania. E ad arricchirsi sulle disgrazie di questa terra sarei io con le mie parole, o i carabinieri e i magistrati, i cronisti e tutti gli altri che con libri o film o in ogni altro modo continuano a denunciare? Com'è possibile che si crei un tale capovolgimento di prospettive? Com'è possibile che anche persone oneste si uniscano a questo coro? Pur conoscendo la mia terra, di fronte a tutto questo io rimango incredulo e sgomento e anche ferito al punto che fatico a trovare la mia voce.

Perché il dolore porta ad ammutolire, perché l'ostilità porta a non sapere a chi parlare. E allora a chi devo rivolgermi, che cosa dico? Come faccio a dire alla mia terra di smettere di essere schiacciata tra l'arroganza dei forti e la codardia dei deboli?

Oggi, qui in questa stanza dove sono, ospite di chi mi protegge, è il mio compleanno. Penso a tutti i compleannì passati così, da quando ho la scorta, un po' nervoso, un po' triste e soprattutto solo.

Penso che non potrò mai più passarne uno normale nella mia terra, che non potrò mai più metterci piede. Rimpiango come un malato senza speranze tutti i compleanni trascurati, snobbati perché è solo una data qualsiasi, e un altro anno ce ne sarà una uguale. Ormai si è aperta una voragine nel tempo e nello spazio, una ferita che non potrà mai rimarginarsi. E penso pure e soprattutto a chi vive la mia stessa condizione e non ha come me il privilegio di scriverne e parlarne a molti.

Penso ad altri amici sotto scorta, Raffaele, Rosaria, Lirio, Tano, penso a Carmelina, la maestra di Mondragone che aveva denunciato il killer di un camorrista e che da allora vive sotto protezione, lontana, sola. Lasciata dal fidanzato che doveva sposare, giudicata dagli amici che si sentono schiacciati dal suo coraggio e dalla loro mediocrità. Perché non c'è stata solidarietà per il suo gesto, anzi, ci sono state critiche e abbandono. Lei ha solo seguito un richiamo della sua coscienza e ha dovuto barcamenarsi con il magro stipendio che le dà lo Stato.

Cos'ha fatto Carmelina, cos'hanno fatto altri come lei per avere la vita distrutta e sradicata, mentre i boss latitanti continuano a poter vivere protetti e rispettati nelle loro terre? E chiedo alla mia terra: che cosa ci rimane? Ditemelo. Galleggiare? Far finta di niente? Calpestare scale di ospedali lavate da cooperative di pulizie loro, ricevere nei serbatoi la benzina spillata da pompe di benzina loro? Vivere in case costruite da loro, bere il caffè della marca imposta da loro (ogni marca di caffè, per essere venduta nei bar, deve avere l'autorizzazione dei clan), cucinare nelle loro pentole (il clan Tavoletta gestiva produzione e vendita delle marche più prestigiose di pentole)?

Mangiare il loro pane, la loro mozzarella, i loro ortaggi? Votare i loro politici che riescono, come dichiarano i pentiti, ad arrivare alle più alte cariche nazionali? Lavorare nei loro centri commerciali, costruiti per creare posti di lavoro e sudditanza dovuta al posto di lavoro, ma intanto non c'è perdita, perché gran parte dei negozi sono loro? Siete fieri di vivere nel territorio con i più grandi centri commerciali del mondo e insieme uno dei più alti tassi di povertà? Di passare il tempo nei locali gestiti o autorizzati da loro? Di sedervi al bar vicino ai loro figli, ai figli dei loro avvocati, dei loro colletti bianchi? E magari li considerate simpatici e innocenti, tutto sommato persone gradevoli, perché loro in fondo sono solo ragazzi, che colpa hanno dei loro padri?

E infatti non si tratta di stabilire colpe, ma di smettere di accettare e di subire sempre, smettere di pensare che almeno c'è ordine, che almeno c'è lavoro, e che basta non grattare, non alzare il velo, continuare ad andare avanti per la propria strada. Che basta fare questo e nella nostra terra si è già nel migliore dei mondi possibili, o magari no, ma nell'unico mondo possibile sicuramente.

Quanto ancora dobbiamo aspettare? Per quanto ancora dobbiamo vedere i migliori emigrare e i rassegnati rimanere? Siete davvero sicuri che vada bene così? Che le serate che passate a corteggiarvi, a ridere, a litigare, a maledire il puzzo dei rifiuti bruciati, a scambiarvi quattro chiacchiere, possano bastare? Voi volete una vita semplice, normale, fatta di piccole cose, mentre intorno a voi c'è una guerra vera, mentre chi non subisce e denuncia e parla perde ogni cosa. Come abbiamo fatto a divenire così ciechi? Così asserviti e rassegnati, così piegati? Come è possibile che solo gli ultimi degli ultimi, gli africani di Castel Volturno che subiscono lo sfruttamento e la violenza dei clan italiani e di altri africani, abbiano saputo una volta tirare fuori più rabbia che paura e rassegnazione? Non posso credere che un Sud così ricco di talenti e forze possa davvero accontentarsi solo di questo.

La Calabria ha il Pil più basso d'Italia ma "Cosa Nuova", ossia la 'ndrangheta, fattura quanto e più di una intera manovra finanziaria italiana. Alitalia sarà in crisi, ma a Grazzanise, in un territorio marcio di camorra, si sta per costruire il più grande aeroporto italiano, il più vasto del Mediterraneo. Una terra condannata a far circolare enormi capitali senza avere uno straccio di sviluppo vero, e con invece danaro, profitto, cemento che hanno il sapore del saccheggio, non della crescita.

Non posso credere che riescano a resistere soltanto pochi individui eccezionali. Che la denuncia sia ormai solo il compito dei pochi singoli, preti, maestri, medici, pochi politici onesti e gruppi che interpretano il ruolo della società civile. E il resto? Gli altri se ne stanno buoni e zitti, tramortiti dalla paura? La paura. L'alibi maggiore. Fa sentire tutti a posto perché è in suo nome che si tutelano la famiglia, gli affetti, la propria vita innocente, il proprio sacrosanto diritto a viverla e costruirla.

Eppure non avere più paura non sarebbe difficile. Basterebbe agire, ma non da soli. La paura va a braccetto con l'isolamento. Ogni volta che qualcuno si tira indietro crea altra paura, che crea ancora altra paura, in un crescendo esponenziale che immobilizza, erode, lentamente manda in rovina.

"Si può edificare la felicità del mondo sulle spalle di un unico bambino maltrattato?" domanda Ivan Karamazov a suo fratello Aleša. Ma voi non volete un mondo perfetto, volete solo una vita tranquilla e semplice, una quotidianità accettabile, il calore di una famiglia. Pensate che accontentarvi di questo vi metta al riparo da ansie e dolori. E forse ci riuscite, riuscite a trovare una dimensione di serenità. Ma a che prezzo?

Se i vostri figli dovessero nascere malati o ammalarsi, se un'altra volta doveste rivolgervi a un politico che in cambio di un voto vi darà un lavoro senza il quale anche i vostri piccoli sogni e progetti finirebbero nel vuoto, quando faticherete a ottenere un mutuo per la vostra casa mentre i direttori delle stesse banche saranno sempre disponibili con chi comanda, quando vedrete tutto questo, forse vi renderete conto che non c'è riparo, che non esiste nessun ambito protetto, e che l'atteggiamento che pensavate realistico e saggiamente disincantato vi ha appestato l'anima con un risentimento e un rancore che tolgono ogni gusto alla vostra vita. Perché se tutto ciò è triste, la cosa ancora più triste è l'abitudine. Abituarsi che non ci sia null'altro da fare che rassegnarsi, arrangiarsi o andare via.

Chiedo alla mia terra se riesce ancora a immaginare di poter scegliere. Le chiedo se è in grado di compiere almeno quel primo gesto di libertà che sta nel riuscire a pensarsi diversa, pensarsi libera. Non rassegnarsi ad accettare come un destino naturale quel che è invece opera degli uomini.

Quegli uomini possono strapparti alla tua terra e al tuo passato, portarti via la serenità, impedirti di trovare una casa, scriverti insulti sui muri del tuo paese, possono fare il deserto intorno a te. Ma non possono estirpare quel che resta una certezza e, per questo, rimane pure una speranza. Che non è giusto, non è per niente naturale, far sottostare un territorio al dominio della violenza e dello sfruttamento senza limiti. E che non deve andare avanti così perché così è sempre stato. Anche perché non è vero che tutto è sempre uguale: tutto è sempre peggio.

Perché la devastazione cresce proporzionalmente con i loro affari, perché è irreversibile come la terra una volta per tutte appestata, perché non conosce limiti. Perché là fuori si aggirano sei killer abbrutiti e strafatti, con licenza di uccidere e che non si fermano di fronte a nessuno. Perché è a loro immagine e somiglianza ciò che regna oggi su queste terre e quel che le attende domani, dopodomani, nel futuro Bisogna trovare la forza di cambiare. Ora, o mai più.

Miriam Makeba:
la rabbia della fratellanza

"Cosa è il blues?" si chiede lo scrittore afroamericano Ralph Ellison. Il blues è quello che i neri hanno al posto della libertà.

Dopo aver saputo della morte di Miriam Makeba, mi è subito venuta in mente questa frase. Mama Africa è stata ciò che per molti anni i sudafricani hanno avuto al posto della libertà: è stata la loro voce. Nel 1963 ha portato la propria testimonianza al Comitato contro l'apartheid delle Nazioni Unite. Come risposta il governo sudafricano ha messo al bando i suoi dischi e ha condannato Miriam all'esilio. Trent'anni d'esilio.

Da quel momento la sua biografia si è fatta testimonianza di impegno politico e sociale, una vita itinerante, come la sua musica vietata.

Nelle perquisizioni ai militanti del partito di Nelson Mandela vengono sequestrati i suoi dischi, considerati prova della loro attività sovversiva. Bastava possedere la sua voce per essere fermati dalla polizia bianca sudafricana. Ma la potenza delle sue note le conferisce cittadinanza universale, fa divenire il Sudafrica terra di tutti. E soprattutto l'inferno dell'apartheid un inferno che riguarda tutti.

Negli anni '60, approdata negli Stati Uniti, Miriam Makeba si innamora di Stokley Carmichael, leader delle Pantere

Nere, e i discografici in America le cancellano i contratti, perché Mama Africa non combatte con i mezzi della militanza politica ma con la voce. E questo fa paura. Lei arriva alla gente attraverso la sua musica, attraverso successi mondiali come *Pata Pata* che tutti ballano, che piacciono a tutti, con una forza dirompente e vitale che il governo dell'apartheid e i razzisti del mondo intero non sanno come arginare o combattere.

Così, a settantasei anni, è venuta a cantare persino in un posto che sembra dimenticato da Dio, dove persone solerti hanno organizzato un concerto per portare un po' di dignità a una terra in ginocchio. E l'altra sera mi hanno chiamato. Checco, che aveva seguito l'organizzazione del concerto, mi ha detto che Miriam Makeba non si sentiva bene, «ma la signora vuole cantare lo stesso, vuole il tuo libro nell'edizione americana nel camerino, Robbè, è tosta!». Quando mi hanno detto che Miriam Makeba aveva accettato di venire a Castel Volturno a cantare anche per me nel concerto che chiudeva gli Stati generali delle scuole del Mezzogiorno, al primo momento stentavo a crederci. Invece lei, che per anni aveva lottato e aveva viaggiato cantando per tutta l'Africa e il resto del mondo, voleva venire anche in questo angolo sperduto dove quasi due mesi prima c'era stata una strage di sei africani. Ché per lei erano africani, non ghanesi, ivoriani o del Togo, in questa idea panafricana che fu di Lumumba e che mai come oggi sembra per sempre purtroppo sepolta.

Mama Africa si è esibita a pochi metri da dove hanno ammazzato l'imprenditore Domenico Noviello, un morto innocente, nativo di queste terre, che invece è morto solo, senza partecipazione collettiva, rivolta, fratellanza. La morte di Miriam Makeba, venuta a portarmi la sua solidarietà e a testimoniarla alla comunità africana e italiana che resiste al potere dei clan, è stata per me un immenso dolore. Immenso come lo stupore con cui ho accolto la dimostrazione di passione e forza di una terra lontana come quella sudafricana che già nei mesi passati mi aveva espresso la sua vicinanza attraverso l'arcivescovo Desmond Tutu. Invece, grazie alla loro storia, persone come Tutu o come Miriam Makeba sanno meglio di altri che è attraverso gli sguardi del mondo che è possibile risolvere le contraddizioni, attraverso l'attenzione e l'adesione, il sentirsi chiamati in causa anche per accadimenti molto lontani. E non con l'isolamento, con la noncuranza, con l'ignoranza reciproca.

Il Sudafrica vive una enorme pressione dei cartelli criminali, ma i suoi intellettuali e artisti continuano a essere attenti, vitali e combattivi. Desmond Tutu stesso definì il Sudafrica *"rainbow nation"*, nazione arcobaleno, lanciando il sogno di una terra molto più varia e ricca e colorata, molto più di un semplice ribaltamento di potere fra il bianco e il nero. Miriam Makeba era e rimane la voce di quel sogno. Se c'è un conforto nella sua tragedia è che si può dire che non è morta lontano. Ma è morta vicino, vicina alla sua gente, tra gli africani della diaspora arrivati qui a migliaia e che hanno fatto propri questi luoghi, lavorandoci, vivendoci, dormendo insieme, sopravvivendo nelle case abbandonate del Villaggio Coppola, costruendoci dentro una loro realtà che viene chiamata Soweto d'Italia. È morta mentre cercava di abbattere un'altra *township* col mero suono potente della sua voce. Miriam Makeba è morta in Africa. Non l'Africa geografica ma quella trasportata qui dalla sua gente, che si è mescolata a questa terra a cui pochi mesi fa ha insegnato ιa rabbia della dignità. E, spero, pure la rabbia della fratellanza.

Da Scampia a Cannes

Hanno bocciato Totò e Simone, attori nel film *Gomorra* e nei teatri più famosi d'Italia. Il presidente Napolitano, che era andato a vederli alla prima e poi li aveva salutati uno per uno, gli aveva fatto i suoi complimenti. Il presidente si era pure lasciato dipingere la faccia di nero da un Pulcinella nervoso inserito nello spettacolo. Al Festival di Cannes, il più importante festival del cinema internazionale, hanno ottenuto uno dei tre premi maggiori: il Gran Premio della Giuria. Eppure alla scuola media Carlo Levi di Scampia li hanno bocciati.

Per Cannes parto insieme a loro e a tutta la troupe, tranne Matteo Garrone che è venuto da Roma con un furgone. L'aereo si riempie delle voci e delle grida di Totò e Simone, Marco e Ciro. E poi di tutti coloro che hanno lavorato al film, parrucchieri, costumisti, montatori. Ma c'è un po' di ansia per il volo e di emozione per i giorni che ci attendono. Dopo l'atterraggio le nostre strade si dividono. Mi aspettano all'uscita dall'aereo gli uomini della scorta francese, due auto blindate e tre motociclisti: una cosa mai vista prima. Sono i corpi speciali, ansiosi di rimarcare subito che loro non accompagnano divi del cinema, stelle e stelline. «Questo lo fanno i poliziotti privati, noi no» mi dice il caposcorta tradotto da un altro poliziotto in uno strano napoletano, un napoletano con l'accento francese. «L'ho imparato ascoltando Pino Daniele» spiega, e aggiunge che l'ha perfezionato facendo da interprete a Vincenzo Mazzarella, camorrista di San Giovanni a Teduccio, arrestato proprio a Cannes qualche tempo fa. Colgono l'occasione per ricordarmi che la città è amatissima dai mafiosi di mezzo mondo. Infatti non sembrano proprio tranquilli.

Pure Luigi Facchineri, un boss della 'ndrangheta, era stato qui dal 1987 sino al suo arresto nel 2002. Le mafie investono negli hotel, nei lidi, nei ristoranti, e rimpinzano di coca i nasi di villeggianti, turisti e gente del Festival di cui la Croisette ora è gremita.

Fuori dagli alberghi si stipano sui marciapiedi centinaia di persone. Macchine fotografiche, cellulari e telecamerine tenute in un palmo di mano. Alle persone importa solo degli americani. Passa Catherine Deneuve, passa Kusturica, qualche piccolo scatto. Nulla di più. Anzi, spesso se dietro questi attori ci sono star di Hollywood, la gente assiepata fa un gesto secco con la mano, inequivocabile, come a dire "levatevi, muovetevi, fatemi fare una foto solo con la star e non con voi di mezzo".

Quando arrivano le auto del Festival, fuori dall'hotel tutti spiaccicano i nasi contro i vetri per cercare di vedere chi si nasconde dentro. Se non vedono Johnny Depp, Tom Cruise o Angelina Jolie restano delusi, e mandano anche a quel paese. Umiliano gli attori asiatici o europei con commenti del tipo "non c'è nessuno". Toni Servillo ci scherza, elegantissimo sfila davanti all'hotel mentre i ragazzi zoomano con gli obiettivi delle macchine fotografiche per capire chi è. Ma lui stesso risponde: «Nun simme nisciun', che fotografate a fa', mò arriva Indiana Jones». In verità gli attori non americani si risentono quasi tutti. Nessuno li avvicina: sono come minori, comprimari per il pubblico di Cannes. Gli attori europei sono avvicinabili, fatti di carne e sangue, profumi e vestiti, insomma fanno un mestiere come un altro. Le star di Hollywood sono invece gli ultimi dei non caduti. Qualunque cosa facciano o dicano sono ciò che più conta per la critica e per il pubblico. Nessuno azzarda pensare a quanto guadagnino, nessuno pensa che un film dozzinale o popolare possa rovinare un talento che avranno sempre la possibilità di recuperare. Possono fare ciò che vogliono, al di là del bene e del male. E questa loro forza ammalia tutti a Cannes. Dai critici più rigorosi ai turisti con le macchine fotografiche digitali che fanno cento scatti in pochi secondi.

La mattina del nostro arrivo esiste solo Indiana Jones. Lo vedo da vicino, Harrison Ford, è più basso di quanto immaginassi, e mi sembra un vecchietto un po' gonfio. È una lontana immagine del primo Indiana Jones che avevo amato da bimbo, sul sidecar con Sean Connery. Ha ormai una panza pronunciata, e la contraddizione tra l'immagine eterna del personaggio e quella mortale dell'attore è un retrogusto che avvertirà qualsiasi fan dopo aver fatto i compli menti all'eroe di un film. Si avvicinano in molti a Harrison Ford, e lui si presenta a tutti come Indy. Fa quasi tenerezza, come quei Babbo Natale che entrano a pagamento nelle case esclamando: «Buon Natale e auguri, cari bambini!».

Non so se dispiacermi che Totò, Simone e gli altri non l'abbiano visto o se sia meglio così. Ma anche se non incrociano Indiana Jones e non credono più a Babbo Natale da una vita, i ragazzi di *Gomorra* a Cannes sono su di giri forse più di quanto lo fossero da piccoli il giorno della Vigilia. Alla proiezione per i giornalisti parte il primo grande applauso e la conferenza stampa è affollatissima. Io dedico il successo a Domenico Noviello, l'imprenditore ucciso proprio mentre stavamo per partire. Per quanto la cosa sia accolta bene, devo scacciare la sensazione che in tutto questo vi sia un che di sbagliato e di assurdo.

Fuori le moto della scorta dei corpi speciali francesi, gli

agenti sempre in tensione e al contempo sempre pronti a ragguagliarmi su tutti i peggio personaggi delle peggiori organizzazioni criminali al mondo che investono e circolano per la Costa Azzurra. E io qui, di fronte alla crème della critica cinematografica internazionale, accanto a tutti quelli che hanno dato vita a questo film, inclusi i ragazzi di Montesanto e di Scampia. Quello che parla più di tutti è Ciro, ribattezzato "Pisellino" da uno zio perché somiglia al bambino arrivato a Braccio di Ferro e Olivia con un pacco postale. Ha una maschera secolare, il suo viso pallido dal naso lungo riassume magrezze seicentesche, un Pulcinella o un santo dipinto da un pittore spagnolesco. Ciro è fruttivendolo alla Pignasecca, un mercato del centro storico. Un mestiere tosto, ti tocca svegliarti all'alba, ma lui è allegro, guadagna bene rispetto ai suoi coetanei e si tiene lontano dai casini.

I giornalisti gli fanno delle domande a trabocchetto. «Se non avessi fatto il fruttivendolo?» E lui secco: «Avrei fatto il barista». «D'accordo, e se non avessi fatto nemmeno il barista?» Allora lui capisce dove vogliono arrivare. «No, no, vi sbagliate: io il camorrista mai! A parte i soldi, fai una vita orrenda. E poi mia madre sta ancora piangendo per avermi visto morto ammazzato nel film, figuratevi se succedeva veramente.»

Applausi.

Ciro e Marco – che sono anche più grandi – vengono dai quartieri popolari del centro storico, non da Scampia come Totò e Simone. Per loro la vita è un po' più facile: le vicende di famiglia che hanno alle spalle, se non possono dirsi idilliache, sono certo un po' meno pesanti. Invece per quei ragazzini di Scampia di dodici o tredici anni lo spettacolo tratto da Aristofane e da Alfred Jarry, e poi il film e il Festival di Cannes, non dovevano essere soltanto vacanze da una vita che già alla loro età sembra segnata. No, era l'opportunità di provare a mettere i piedi in una vita fatta diversamente o almeno riuscire a immaginarsela possibile. Come diceva Danilo Dolci nella sua poesia più bella:

C'è chi insegna
guidando gli altri come cavalli
passo per passo:
forse c'è chi si sente soddisfatto
così guidato.
C'è chi insegna lodando
quanto trova di buono e divertendo:
c'è pure chi si sente soddisfatto
essendo incoraggiato.
C'è pure chi educa, senza nascondere
l'assurdo ch'è nel mondo, aperto ad ogni
sviluppo ma cercando
d'essere franco all'altro come a sé,
sognando gli altri come ora non sono:
ciascuno cresce solo se sognato.

Non li hanno sognati, questi ragazzini. Eppure avevano fatto molto per mostrare il loro talento, far emergere gli elementi per essere sognati in maniera diversa da come la vita li determina in queste zone. Non stiamo parlando di studenti modello. Non stiamo neanche parlando di scolaretti fermi nelle loro sedie che si impegnano e però non ce la fanno. Stiamo parlando di ragazzini spesso esagitati, che ti rispondono con un ghigno, che appena possono non si presentano in classe, che aizzano i compagni alle peggio cose. Ma questo è solo un aspetto. I professori che hanno bocciato Totò, Simone e gli altri forse non riescono a tener conto del fatto che il loro meglio l'abbiano tirato fuori lontano dalla scuola. A cosa serve se dei ragazzini difficili di un degradato comune di periferia stanno per due giorni accanto alle star, autorizzati a sentirsi un tantino come loro?

Ciro a cena sostiene esaltatissimo che ora Monica Bellucci

non potrà rifiutare di avvicinarsi a lui. È un attore e non un fan qualsiasi. Ora sono colleghi. E poi da Montesanto alla Pignasecca tutti gli hanno sempre detto che somiglia a Vincent Cassel. Il giorno dopo incrocia proprio Monica Bellucci. «Sai» le fa, «mi dicono che sono tale e quale a tuo marito.» E Monica gli dà un bacio. Premiando la sua bravura come attore e forse pure la somiglianza col suo uomo.

Mi fa uno strano effetto essere qui con tutti loro, deluso da quella che mi sembra una Riccione solo più cara, marcia e pretenziosa, contento di stare insieme con tanti ragazzi di Napoli, cosa che non mi capitava più da molto. È un grande circo, Cannes. La magia di questo luogo è che il film più ricercato, il regista più difficile, gli attori più sofisticati riescono ad avere visibilità, ascolto, critica. Il cinema più raffinato accanto a quello più popolare, i registi militanti a fianco di quelli più conservatori e gelidi, maestri e documentaristi, mediocri registi e megasceneggiatori. Piccoli produttori e grandi major. Indiana Jones e Manoel de Oliveira, Marjane Satrapi e Nick Nolte. Il tutto in un equilibrio che ha del miracoloso. È una dialettica che avvantaggia tutti e non crea danno per nessuno. È incredibile. Ognuno fa il suo lavoro, e il film più spettacolare attira pubblico e risorse anche per il documentario più lento e complesso.

Questa strana alchimia è fatta di dosi esatte, perché al Festival di Cannes tutto è perfettamente mescolato. L'organizzazione distribuisce eguale visibilità, facendo sì che i film più di cassetta trascinino quelli più difficili. Permette ai primi di essere praticamente ignorati dalla giuria e presi in considerazione dal pubblico e consente invece ai secondi di essere valutati dalla critica e di arrivare quindi al pubblico attraverso il giudizio della giuria, diffuso dai *media* mondiali. È un congegno strano ma funzionante, che usa il mercato permettendo al Festival di starci dentro e allo stesso tempo sfruttarne le potenzialità per promuovere prodotti non nati solo nelle stive pubblicitarie delle major.

40

La mattina mi siedo a fare colazione nella hall dello storico, sontuosissimo hotel Majestic, ma i poliziotti francesi mi costringono a consumare tutto in fretta. Prendo una spremuta che costa venti euro, incredibile. Una ragazza mi chiede se si può sedere, gli agenti la perquisiscono e io mi sento in imbarazzo, ma non parlando una parola di francese non so come dirle di lasciar perdere. Lei inizia a discutere del mio libro, a farmi varie domande e infine dice: ‹Se oggi non hai molto da fare passerei del tempo con te, basta che mi paghi il ritorno in taxi a Nizza, ottocento euro». Al che capisco. «Hanno spostato Nizza in Corsica» rispondo, «visto che costa tanto?» Più tardi chiedo delucidazioni a un barista che ho scoperto essere mio paesano e la sua risposta è chiarissima: «Quelle che girano qui nella hall sono tutte mignotte». Arrivano da tutto il mondo e viene malinconia a vederle avvicinarsi ai proprietari degli yacht che galleggiano sui moli. Sembrano figlie con padri pigri e chiatti, e sistematicamente piuttosto alticci.

Questo è solo l'esempio più evidente di come a Cannes non si riesca a trovare proprio nulla di elegante e chic, solo la stessa cafonaggine di altrove concentrata ed elevata all'ennesima potenza. Cannes sembra il luogo più snob del mondo, in verità è un paesone. I visi che passeggiano, gli stivali pitonati e le signore abbronzate sono gli stessi che si incontrano fuori dai locali di qualsiasi città europea. E poi è tutto vagamente schizofrenico.

Marco comincia a ripetere che gli manca Napoli, non sono passati neanche due giorni, però la nostalgia non conosce limiti né orologi, e per la cena dopo la proiezione ufficiale ci portano in una pizzeria di nome Vesuvio. Matteo Garrone, il regista, è stanco e riesce solo a dirmi: «Abbiamo fatto tanto per evitare il folklore ed eccoci qua, in tutta Cannes, dove dovevamo capitare?». Quel che continuamente rimbalza nella mia testa per tutta la serata è "che ci faccio qui?" oppure "che c'entro io con tutto questo?".

La scorta mi accompagna in una sala riservata, si brinda al film, e mi accorgo che da due anni non mi trovo in una situazione così, mi irrigidisco. Non ci sono abituato. Tante persone intorno, sorrisi, brindisi. Mi irrigidisco e sembro un pupazzo di cera, non sono più abituato a mangiare se non con la mia scorta. I ragazzi del film sono fantastici, ma mi trattano come se fossi il loro datore di lavoro. Io col film c'entro pochissimo, eppure Marco non si convince e taglia corto: «Chi mi dà il pane mi diventa padre». Avverto un senso straziante di solitudine di fronte alla felicità degli altri, soprattutto dei ragazzi cui non frega nulla di essere finiti alla pizzeria Vesuvio. Perché loro, dagli applausi della mattina e soprattutto da quelli ricevuti poco prima, hanno avuto la conferma di aver fatto una cosa grande, e oltre a esserne felici, ne sono giustamente fieri.

Durante il viaggio di ritorno, che faccio sempre insieme ai ragazzi, il casino è anche maggiore che all'andata. Quando Simone si mette a fumare, scoppia il panico in tutto l'aereo, fumo, fuoco, oddio qualcosa brucia. «Mannammell' a casa» ossia mandami a casa la multa, risponde con noncuranza alle hostess che accorrono a ripetergli che è assolutamente vietato e non capiscono il suo napoletano. Nessuno riprova più ad accendersi una sigaretta, ma ci sono tanti altri modi per non stare belli tranquilli per un'ora e mezza di volo. Alla fine però uno steward sa come prenderli: «Ma come, delle star come voi, vi comportate così?». E per quel tanto che occorre, in barba al corpo docente di Scampia, funziona.

Giorni dopo sono nella stanza del residence dove per il momento mi hanno messo. Fa caldo, sto a torso nudo, pantaloncini del Napoli, e non posso uscire. Ho davanti a me una bottiglietta di Peroni. Mi arriva la telefonata di Tiziana della Fandango, la casa di produzione del film, piange, c'è un gran clamore in sottofondo, la sua voce si sente male, riattacca quasi subito. A Cannes pare che abbiano vinto, non ho manco capito bene quale premio, più tardi vado a controllare su Internet. "Ne è valsa la pena?" mi domando. E poi mi dico: "Forse, se anche per quel che mi riguarda non ne sono certo, per qualcun altro invece sì". Poi mi porto alle labbra l'ultimo sorso di birra.

L'unico momento in cui il Festival e Cannes non deludono le aspettative di glamour e grandiosità è la proiezione del film la sera Mi tocca mettermi una cravatta, cosa che non ho mai fatto, nemmeno per la laurea, né per la *lectio magistralis* a Oxford. Non sono capace di fare il nodo. Xavier, il capo scorta, mi assiste con un certo imbarazzo, perché gli uomini non si fanno a vicenda i nodi alla cravatta. Visto che ho deciso di non fare la passerella sul tappeto rosso, perché la cosa non mi va e non mi spetta – sono uno che scrive, non uno che recita o dirige un film – mi fanno entrare nel cinema da una porta laterale. Mi aspettavo una sala cinematografica, più grande, magari molto più grande, però normale. Invece è la versione ultramoderna di un anfiteatro. Centinaia di persone dinanzi allo schermo più grande al mondo.

Quando il film finisce, partono le note dei Massive Attack, un brano a cui tengo molto perché è nato dalla mente di uno del gruppo, Robert Del Naja, che ha origini napoletane, e che dopo aver letto *Gomorra* mi ha voluto donare questa musica.

Poi ci sono gli applausi. Iniziano a sprazzi, a singhiozzo, di qua e di là dell'immensa sala. Poi lentamente, come tessere di un domino, che quando fai cadere la prima cadono una a una anche le altre, tutte le file cominciano ad applaudire. E non finisce. Non appena smettono da qualche parte, da un'altra riprendono a battere più forte le mani, contagiando di nuovo tutto il teatro, come un'onda che scende e che sale.

Dopo quindici minuti di applausi tutti i ragazzi cominciano a piangere. L'unico che non piange è Totò. Si vede che si trattiene, ha gli occhi lucidi, però non piange. Gli chiedo apposta: «Eh, stai piangendo?». E lui, sempre nella parte: «Io? Ma quann' mai! A me non mi fanno proprio niente gli applausi».

Forse Totò aveva già capito tutto. Che non esiste nessun sogno né a Cannes, né a Hollywood, né in un cinema, né in un teatro e in nessun altro luogo del mondo che possa riguardarlo. Che per lui esiste solo Scampia. E il resto è fiction.

Combattere il male con l'arte

Quando sei dinanzi alle immagini dei documentari e dei film di Vittorio De Seta accade che la sensazione che ti prende, e ti prende agli occhi, sia completamente nuova. Ti colpisce agli occhi, non allo stomaco, o quantomeno non subito. E sembra non affliggere altri sensi, non coinvolgere altre emozioni. I primi minuti occupano gli occhi. Devi abituare la vista: ciò che vedi all'inizio è un pugno di sabbia lanciato in faccia.

Le immagini sono diverse, diverse da quello che si vede nei documentari, diverse da quelle che si vedono nei film, diverse dall'azione, diverse dal reportage, diverse dalle fiction, diverse dall'immobilità anonima dei servizi televisivi che prendono il calco delle cose. Nelle immagini di De Seta c'è qualcos'altro.

Vittorio De Seta è il grande e riconosciuto maestro del documentario. Ma il termine "documentario" mi sembra riduttivo. Ciò a cui De Seta non rinuncia mai è la bellezza. L'alchimia di De Seta sta nella capacità di guardare contemporaneamente all'inferno degli umani e alla meravigliosità che emana dalla pulsione del vivere. Non tradire né l'uno né l'altro sguardo. Non cedere mai all'informazione esclusiva, non cedere mai al gesto estetico soltanto. Il successo che De Seta ha avuto negli Usa, l'amore di Martin Scor-

sese per le sue pellicole, credo nascano proprio da questo
sguardo bicefalo, ossessionato dal vero e distratto dal bello. Una distrazione necessaria per generare continuità tra
spettatore e pellicola.

Quando si guardano i film di De Seta spesso ci si chiede
come mai non scendano le lacrime, non ci si commuova a
bocca aperta e non si finisca a tirare su col naso camuffando
poi con uno starnuto o un colpo di tosse. Non si comprende
come ci si riesca a trattenere. Poi diventa chiaro. Si parteci-
pa in ogni momento e non c'è spazio alla commozione, si
è lì a fare scorpacciate di verità, a capire come si sopravvive, a intuire come fa chi tenta di strappare la dignità, come
un cane quando morde l'osso. Si è dentro *Contadini del mare*
(1955), si è parte de *I dimenticati* (1959), non si può uscirne
mentre li si guarda.

Ciò che credo di sapere, o quantomeno sentire nella mia
esperienza, è che Vittorio De Seta è un maestro di metodo.
Entra nelle cose che racconta, non come un turista intellettuale che vuole passeggiare per un po' in territori scono-
sciuti, ma come qualcuno che sceglie di raccontare solo ciò
che sente proprio. Ciò che può dire d'aver assaporato, con
l'esperienza e con l'inesperienza dello studio, con lo sguardo e le bibliografie. Non è un episodio per un viaggio, per
un reportage. De Seta c'è dentro personalmente, ne è parte lui stesso. La citazione che Vittorio De Seta fa più spesso è parafrasata da Majakovskij: "Il cinema è un atleta".
Scavalca, corre, si ferma. Perde fiato. Lo riacquista. E ga-
reggia con la realtà. Non per superarla, ma per inseguirla.
Ho sempre cercato di rimanere fedele a quest'immagine.
Credo che per la scrittura sia lo stesso. E ho cercato di farla mia. La capacità di districarsi, allungare, fermarsi e soprattutto combattere, di un combattimento che non deve
sconfiggere nessuno, ma in grado di mettere in moto cine-
tiche nuove, forze capaci di uscire dalla pagina e non chiu-
dersi sulla pagina.

De Seta mi raccontò che una volta Indro Montanelli – da lui ritenuto "uno dei maggiori responsabili della cattiva lettura del Sud Italia" – scrisse che in Sardegna bisognava estirpare i banditi dal Supramonte con i lanciafiamme. De Seta me lo raccontava con una smorfia in faccia: «Io ho usato un cinema atletico, ho corso tra le storie e la realtà. Ho reagito, non ho subìto né ho giocato con la realtà facendo l'intellettuale che dà la sua ricettina, la sua provocazione, la sua storiella».

De Seta non ha mai negato l'obiettivo del suo impegno di regista. I documentari e i film di De Seta sono sempre citati separati, io non riesco a vedere le differenze, sono metodi diversi ma la materia utilizzata è la medesima. Sono storie vissute nel profondo, sono assieme inchiesta, reportage, narrazione: dimostrano come la realtà sia creatrice e come sia fruttifera la mescolanza dei generi. La conoscenza è essenziale, la *conditio sine qua non* per conquistarsi il diritto al racconto. Non è la curiosità, ma la comprensione del meccanismo e quindi l'imperativo del racconto. Quando girò *Banditi a Orgosolo* (1961), De Seta passò nove mesi in Barbagia per capire com'era quella terra, ma ancor più come era possibile conoscerla e raccontarla. C'è sempre quest'urgenza di non separare mai la conoscenza dal racconto. Così si comportò nello stesso modo quando girò il *Diario di un maestro* (1973), andando a vivere nella borgata di Pietralata, in quell'apocalisse morale e materiale, con quei ragazzini feroci ma anche morbidi e teneri oltre la crosta.

Ci sono molte immagini che mi restano addosso dei film di De Seta, ma al di là delle scene più tragiche ci sono i dettagli, che ti stupiscono, quelli che non trovi mai nel cinema italiano. Come in *Lettere dal Sahara* (2006): la scena in cui il protagonista, un ragazzo senegalese con un viso scolpito nell'ebano, dinanzi a un tempio greco saccheggia una pianta di mandarini selvatici, per fame, e li coglie strappandoli dai rami, con la voracità senza violenza di chi è affamato e vede cibo, e nel cibo vede vita, non un semplice pasto. Vittorio De Seta è stato tra i pochissimi a essere in grado di raccontare ancora i bisogni primari.

Credo che sia questa voglia continua di raccontare la realtà, di dimostrarla e di non rinunciare all'antidoto al male, il motore mobile del cinema di Vittorio De Seta. Riuscire a guardare alla bellezza e da questa trovare la salvezza. De Seta mantiene un talento che in Italia lentamente è andato perdendosi, quello che portò Primo Levi a pronunciare: "Vi comando queste parole. Scolpitele nel vostro cuore". De Seta sembra comandare al suo spettatore le immagini che va cercando.

La verità, nonostante tutto, esiste

L'idea che *Gomorra* potesse mutare dimensione e divenire forma teatrale sembrava essere parte del suo destino. Ancora non era uscito che mi si avvicinarono in due, un regista e un giovane attore, a chiedermi di poter trasformare qualsiasi cosa avessi scritto in forma teatrale. Come se avessero in mente cosa fare sin dal primo momento in cui ci eravamo incontrati. Come una sorta di necessità. Qualcosa che puoi affrontare solo assecondandolo.

Mi piaceva l'idea che a lavorare alla metamorfosi dalla pagina alla scena fosse un giovane regista, Mario Gelardi, ossessionato dal teatro come una sorta di ultima dimensione per poter rappresentare ciò che è ancora possibile esprimere, e proveniente dai documentari. Quelli girati in Africa con carichi di fatica e pochissimi soldi. Un regista con l'occhio di chi viene dal documentario, di chi ha nello stomaco ancor prima che nello sguardo il criterio per stabilire cosa conta raccontare, e che quindi non si perde in posture. Per me era come una garanzia. Quando decidemmo assieme a Ivan Castiglione di fare di *Gomorra* un progetto teatrale, avevo in mente proprio un gruppo di persone giovani e di attori che potessero provarsi in qualcosa di nuovo, e le cui esperienze potessero essere nuove, lontane dai percorsi soliti o dai mostri sacri del palcoscenico.

Il teatro è uno spazio altro, altro dai media, dai fogli: né piazza né stanza. Mi piace vedere la parola "civile" al fianco del termine "teatro". In genere ai registi e agli attori non piace, allo stesso modo come agli scrittori non piace che sia messo qualsiasi altro termine al fianco di quello inviolabile di "letteratura". Come se lo sporcasse. Credo però che l'unione di questi arti giustapposti possa essere utile non per l'aggiunta di valore che dà a un progetto o a una dimensione artistica, quanto perché dimostra sin dove quella dimensione artistica possa arrivare, colmando ciò che manca. Nella misura in cui, fuori dal teatro e dall'arte, manca un'inchiesta, manca un racconto di una tragedia, manca una mappatura di possibili felicità, manca chi dà eco alle urla, manca chi riscrive storie, chi trova colpevoli, chi fa cronaca, chi fa bibliografie di testimonianze, questi vuoti, colmati dal teatro, dalla letteratura, rimandano a tutta l'estensione del vuoto colmato. Per questo l'espressione "teatro civile" non mi fa ribrezzo.

Nei teatri ci si è incontrati dopo la catastrofe di tangentopoli, nei teatri si va ad ascoltare chi non può più parlare in altri posti. Nei teatri si sceglie di discutere dei nuovi percorsi, perché bisogna vedersi in faccia, sentire rimbalzare le parole e sentirsi con l'olfatto gli uni con gli altri. Il paradosso che trova soluzione è che proprio il teatro, che è in assoluto il luogo della menzogna, della rappresentazione della finzione, divenga il luogo della verità possibile. Delle verità, quindi.

Verità è ciò che più mi ossessiona. È l'ossessione del mio libro. La verità non è misurabile: parametri, prove, risultati di indagine non dicono mai la verità, ma si avvicinano a essa, ne circoscrivono il campo. Ciò che forse si è in grado di valutare è la possibilità di riuscire ad articolare la verità, i suoi spazi, i suoi perimetri, le condizioni in cui si genera. Comprendere lo spazio che è dato alla ricerca, alla riflessione, al percorso per poter raggiungere una verità, argomentarla, trovare il modo di dirla. E soprattutto trovare gli strumenti per metterla a fuoco, trovare il punto di vista che non renda semplice ciò che è complesso, ma che lo renda visibile e leggibile. Perché la verità, qualsiasi verità, va innanzitutto letta. Quanto spazio oggi ha la verità, il racconto di essa? Le verità più palesi, quelle più nascoste, riescono a essere rivelate?

Gli istituti di ricerca internazionali hanno il compito di monitorare ogni aspetto della vita sociale, politica, economica delle singole nazioni o del loro interagire a livello globale. Devono continuamente raccogliere dati, aggiornarli con la massima velocità, sfornarli. Quel che però tali dati non dicono è su quali parametri si misura la valutazione finale, la lettura di quanto è stato messo assieme. Per questo ci vuole una chiave di lettura, un metro di misurazione, un parametro. I parametri che gli istituti di ricerca mandano come il raggio di una spada laser attraverso la fitta coltre dei dati sembrano di una semplicità sconcertante. Per comprendere in modo immediato l'andamento della crescita economica di un Paese e confrontare i dislivelli di ricchezza planetaria, si è stabilito un indice di misurazione basato sul prezzo del Big Mac, il panino più famoso di McDonald's. Più l'hamburger costa caro, più l'economia del Paese è in forma. Allo stesso modo, per valutare l'osservanza dei diritti umani, si valuta il prezzo a cui viene venduto il kalashnikov. Meno costoso è il mitra, più facilmente è accessibile il più letale e leggero strumento di morte, più i diritti umani sono violati. In Somalia un kalashnikov può arrivare a cinquanta dollari, in Yemen è possibile rintracciare Ak47 usati di seconda e terza mano anche a sei dollari.

Come valutare lo stato della verità in Italia? Lo stato della possibilità di dirla, di rintracciarla? Il livello di percezione sismica della verità in questo Paese, il suo battito fioco è rinvenibile nel polso di molte situazioni ignorate, appena sfiorate nelle cronache locali, lasciate come pic-

chi isolati: episodi trascurabili per chi interpreta il tracciato. Un giudice – più di un giudice – che stava per essere
fatto saltare in aria con chili di tritolo, un prete costretto ad allontanarsi dalla propria parrocchia, un altro che
deve dosare le proprie parole durante le omelie altrimenti non potrà più pronunciarle, un sindacalista ammazzato per aver difeso i diritti dei lavoratori, anzi i diritti di
chi voleva portare avanti un piccolo commercio indipen-
dente anche solo sulle bancarelle del mercato. Se raccon-
tassi queste vicende a una cena, in una qualsiasi città di
questo Paese, i miei commensali rimarrebbero così per-
plessi da faticare a credermi. O alla meglio direbbero che
sono storie passate, di decenni trascorsi, di territori cir-
coscritti. Storie siciliane, lontane, storie finite. Parlo del
mio tempo invece, direi ai commensali. E del vostro Paese, aggiungerei.

Spesso, quando gli altri mi parlano dell'Italia con i suoi
problemi di disorganizzazione, i drammi burocratici, l'urbanistica sregolata, il traffico che sottrae tempo e vita, come
di una parte scadente d'Europa che è pur sempre Europa, è
come se sentissi di vivere in un Paese che non conosco. Io
conosco un Paese dove la vita di ciascuno sconta l'assenza
dei principi primi. Decidere di non emigrare. Decidere di
chiedere uno straordinario senza venir licenziati, decidere
di aprire un negozio senza doversi orientare automaticamente su determinate forniture, decidere di prestare la propria testimonianza senza temere ripercussioni. Poter lavorare a un'indagine senza avere contro l'intera regione. Ciò
che sembra essere assodato altrove, ciò che è sancito per
diritto, meccanismo cui si accede per default come direbbero gli informatici, qui non ha valore. Ci sono luoghi e situazioni dove non è possibile pronunciare dei nomi, dove
il solo fare il proprio lavoro inizia a essere un elemento che
espone al pericolo. Dove ciò che dovrebbe essere semplice come indicare un errore, segnalare un disastro, decide-

re di denunciare o soltanto dirlo, chiederlo, pretenderlo, comporta sacrificio. Rischio. Fuga. Pericolo di morte. Questo accade in Italia.

C'è da chiedersi, e me lo chiedo spesso, se è la rabbia che mostra soltanto il male, come se generasse uno strabismo dello sguardo orientato verso qualcosa che vive nascosto, e la rabbia lo scova. Come se ciò che ti gira nello stomaco, simile a una bestia chiusa al buio che non riesce a trovare vie di fuga, ti imponesse di non pensare ad altro, ti condannasse all'ossessione di pensare a ciò che non si può esprimere, pensare a come si possa esistere stretti tra poteri sempre più invasivi che non ti permettono di vivere come vorresti. Ma ignorarlo, ignorare tutto questo è impossibile.

Un'espressione catalana mi ha sempre dato la misura di quanto sia complesso rintracciare la verità: "Quando c'è un'inondazione, la prima cosa che manca è l'acqua potabile". E nel caos delle notizie vuoi capire davvero cosa sta accadendo. Vuoi acqua potabile. Quanto vale la verità in questo Paese? Dove possono essere racimolate le storie che ne tracciano i contorni? L'attenzione diviene determinante poiché è l'attenzione che permette che non ci sia oblio su queste vicende. Ma l'unica attenzione è quella del racconto.

Il teatro muta in voce ciò che è parola, concede viso, copre con un mantello di carne le parole, senza opprimerle, anzi scoprendole, dando loro epidermide e quindi rendendo le storie di un luogo storie d'ogni luogo, una faccia tutte le facce, e questo è ciò di cui il potere, qualsiasi potere, ha più paura. Perché non hanno più volti i loro nemici, ma ogni volto può divenire nemico. La potenza dello spazio teatrale come luogo che interrompe la solitudine, che permette una diffusione di verità fatta di timpani e sudore, di sguardi e luci fioche, mi pare oggi più che in altri tempi necessaria. Una verità detta in solitudine non è altro che una condanna in molta parte di questo Paese. Ma se rimbalza sulle lingue di molti, se viene protetta da altre labbra, se diviene pasto condiviso, smette di essere una verità e si moltiplica, assume nuovi contorni, diviene molteplice e non più ascrivibile solo a un viso, a un testo, a una voce. E il simposio, la tavolata, il banchetto in cui ciò può avvenire, mi piace pensare possa essere anche la scena. Bisognerebbe pretendere che l'attenzione continua e straripante data alle dichiarazioni dei politici si asciugasse, e che fosse fatto spazio per un costante e polifonico racconto del Paese. Pretendere che si moltiplichino racconti per conoscere e capire come unica condizione per prendere piena cittadinanza in questo Paese, per capire davvero quali dinamiche lo governano, per conoscere cosa accade al di là dei tafferugli della politica. Come in una pagina di Victor Serge, quando durante un processo nella Russia di Stalin, dinanzi al giudice che non ammette altro che fedeli e traditori, l'imputato innocente trascinato in gabbia digrigna tra i denti: «Nonostante tutto, la verità esiste».

Quando la terra trema,
il cemento uccide

«Non permetteremo che ci siano speculazioni, scrivilo. Dillo forte che qui non devono neanche pensarci di riempirci di cemento. Qui decideremo noi come ricostruire la nostra terra...» Al campo di rugby mi dicono queste parole. Me le dicono sul muso. Naso vicino al naso, mi arriva l'alito. Le pronuncia un signore che poi mi abbraccia forte e mi ringrazia per essere lì. Ma la sua paura non è finita con il sisma.

La maledizione del terremoto non è soltanto quel minuto in cui la terra ha tremato, ma ciò che accadrà dopo. Gli interi quartieri da abbattere, i borghi da restaurare, gli alberghi da ricostruire, i soldi che arriveranno e rischieranno non solo di rimarginare le ferite, ma di avvelenare l'anima. La paura per gli abruzzesi è quella di vedersi spacciare come aiuto una speculazione senza limiti nata dalla ricostruzione.

Qui in Abruzzo mi è tornata alla mente la storia di un abruzzese illustre, Benedetto Croce, nato proprio a Pescasseroli, che ebbe tutta la famiglia distrutta in un terremoto. "Eravamo a tavola per la cena io, la mamma, mia sorella e il babbo che si accingeva a prendere posto. A un tratto come alleggerito, vidi mio padre ondeggiare e subito in un baleno sprofondare nel pavimento stranamente apertosi, mia sorella schizzare in alto verso il tetto. Terrorizzato cercai con lo sguardo mia madre che raggiunsi sul balcone dove insieme precipitammo e ió svenni." Benedetto Croce rimase sepolto fino al collo nelle pietre. Per molte ore il padre gli aveva parlato, prima di spegnersi. Si racconta che gli ripetesse una sola e continua raccomandazione: «Offri centomila lire a chi ti salva».

Gli abruzzesi sono stati salvati da un lavoro senza sosta che nega ogni luogo comune sull'italianità pigra o sull'indifferenza al dolore. Ma il prezzo da pagare per questa regione potrebbe essere altissimo, ben oltre le centomila lire del povero padre di Benedetto Croce. Il terrore di ciò che è accaduto all'Irpinia quasi trent'anni fa – gli sprechi, la corruzione, il monopolio politico e criminale della ricostruzione – non riesce a mitigare l'ansia di chi sa cosa è il cemento, cosa portano i soldi arrivati non per lo sviluppo ma per l'emergenza. Ciò che è tragedia per questa popolazione, per qualcuno invece diviene occasione, miniera senza fondo, paradiso del profitto. Progettisti, geometri, ingegneri e architetti stanno per invadere l'Abruzzo attraverso uno strumento che sembra innocuo, ma è proprio da lì che parte l'invasione di cemento: le schede di rilevazione dei danni patiti dalle case. In questi giorni saranno distribuite agli uffici tecnici comunali di tutti i capoluoghi d'Abruzzo. Centinaia di schede per migliaia di ispezioni. Chi avrà in mano quel foglio avrà la certezza di avere incarichi remunerati benissimo e alimentati da un sistema incredibile.

«In pratica, più il danno si fa grave più guadagni» mi dice Antonello Caporale. Arrivo in Abruzzo con lui, è un giornalista che ha vissuto il terremoto dell'Irpinia, e la rabbia da terremotato non te la togli facilmente. Per comprendere ciò che rischia l'Abruzzo si deve partire proprio da lì, dal sisma di ventinove anni fa, da un paese vicino Eboli. «Ad Auletta» dice il vicesindaco Carmine Cocozza «stiamo ancora liquidando le parcelle del terremoto. Ogni centomila euro di contributo statale l'onorario tecnico globale è di venticinquemila.» Ad Auletta quest'anno il governo ha ripartito ancora somme per il completamento delle opere post sisma: ottanta milioni di euro in tutto. «Il mio comune ne ha ricevuti due milioni e mezzo. Serviranno a realizzare le ultime case, a finanziare quel che è rimasto da fare.» Difficile immaginare che dopo ventinove anni ancora arrivino soldi per la ristrutturazione, ma è ciò che spetta ai tecnici: il venticinque per cento del contributo. Ci si arriva calcolando le tabelle professionali, naturalmente tutto è fatto a norma di legge. Costi di progettazione, di direzione lavori, oneri per la sicurezza, per il collaudatore. Si sale e si sale. Le visite sono innumerevoli. Il tecnico dichiara e timbra. Il comune provvede solo a saldare.

Il rischio della ricostruzione è proprio questo. Aumenta il valore del danno nella perizia, aumentano i soldi, gli appalti generano subappalti e ciclo del cemento, movimento terra e ruspe, e le costruzioni attireranno l'avanguardia dell'edilizia in subappalto in Italia: i clan. Le famiglie di camorra, di mafia e di 'ndrangheta qui ci sono sempre state. E non solo perché nelle carceri abruzzesi c'è il gotha dei capi della camorra imprenditrice. Il rischio è proprio che le organizzazioni arrivino a spartirsi in tempo di crisi i grandi affari italiani. Per esempio: alla 'ndrangheta l'Expo di Milano, e alla camorra la ricostruzione d'Abruzzo in subappalto.

L'unica cosa da fare è la creazione di una commissione in grado di controllare la ricostruzione. Il presidente della Provincia Stefania Pezzopane e il sindaco dell'Aquila Massimo Cialente sono chiari: «Noi vogliamo essere controllati, vogliamo che ci siano commissioni di controllo...». Qui i rischi di infiltrazioni criminali sono molti. Da anni i clan di camorra costruiscono e investono. E per un bizzarro paradosso del destino proprio l'edificio dove è rinchiusa la maggior parte di boss che investono nel settore del cemento, ossia il carcere dell'Aquila (circa ottanta in regime di 416 bis), è risultato il più intatto. Il più resistente.

I dati dimostrano che l'invasione di camorra nel corso degli anni è stata enorme. Nel 2006 si scoprì che l'agguato al boss Vitale era stato deciso a tavolino a Villa Rosa di Martinsicuro, in Abruzzo. Il 10 settembre scorso Diego León Montoya Sánchez, il narcotrafficante inserito tra i dieci *most wanted* dell'Fbi aveva una base in Abruzzo. Nicola Del Villano, cassiere di una consorteria criminal-imprenditoriale degli Zagaria di Casapesenna, era riuscito in più occasioni a sfuggire alla cattura e il suo rifugio era stato localizzato nel Parco nazionale d'Abruzzo, da dove si muoveva liberamente. Gianluca Bidognetti si trovava qui in Abruzzo quando la madre decise di pentirsi.

L'Abruzzo è divenuto anche uno snodo per il traffico dei rifiuti, scelto dai clan per la scarsa densità abitativa di molte zone e la disponibilità di cave dismesse. L'inchiesta Ebano fatta dai carabinieri ha dimostrato che alla fine degli anni '90 vennero smaltite circa sessantamila tonnellate di rifiuti solidi urbani provenienti dalla Lombardia. Finiva tutto in terre abbandonate e cave dismesse in Abruzzo. Dietro tutto questo, ovviamente i clan di camorra.

Sino a oggi L'Aquila non ha avuto grandi infiltrazioni. Proprio perché mancava la possibilità di grandi affari. Ma ora si apre una miniera per le imprese. La solidarietà per ora fa argine a ogni tipo di pericolo. Al campo del Paganica Rugby mi mostrano i pacchi arrivati da tutte le squadre di rugby d'Italia e i letti allestiti da rugbisti e volontari. Qui il rugby è lo sport principale, anzi lo sport sacro. Ed è infatti la palla ovale che alcuni ragazzi si lanciano in passaggi ai lati delle tende, che mi passa sulla testa appena entro.

La resistenza di queste persone è la malta che unisce volontari e cittadini. È quando ti rimane solo la vita e nient'altro che comprendi il privilegio di ogni respiro. Questo è quello che cercano di raccontarmi i sopravvissuti.

Il silenzio dell'Aquila spaventa. La città evacuata a ora di pranzo è immobile. Non capita mai di vedere una città così. Pericolante, piena di polvere. L'Aquila in queste ore è sola. Quasi tutti i primi piani delle case hanno almeno una parte esplosa.

Avevo un'idea del tutto diversa di questo terremoto. Credevo avesse preso soltanto il borgo storico, o le frazioni più antiche. Non è così. Tutto è stato attraversato dalla scossa. Dovevo venire qui. E il motivo me lo ricordano subito: «Te lo sei ricordato che sei un aquilano...» mi dicono. L'Aquila fu una delle prime città, anni fa, a darmi la cittadinanza onoraria. E qui se lo ricordano e me lo ricordano, come un dovere: presidiare quello che sta accadendo, raccontarlo. Tenere memoria.

Mi fermo davanti alla Casa dello studente. In questo terremoto sono morti giovani e anziani. Quelli che a letto si sono visti crollare il soffitto addosso o sprofondare nel vuoto e quelli che hanno cercato di scappare per le scale, l'ossatura più fragile del corpo d'un palazzo.

I vigili del fuoco mi fanno entrare a Onna. Sono fortunato, mi riconoscono, e mi abbracciano. Sono sporchi di polvere e soprattutto fango. Non amano che i giornalisti si ficchino dappertutto: «Poi li devo andare a pescare che magari cade un soffitto e rimangono incastrati» mi dice un ingegnere romano, Gianluca, che mi fa un regalo che avrebbe fatto impazzire qualsiasi bambino, un elmetto rosso fuoco dei vigili. Onna non esiste più. Il termine "macerie" è troppo usato. È come se non significasse più nulla. Mi segno sulla Moleskine gli oggetti che vedo. Un lavabo finito a terra, un libro fotocopiato, un passeggino, ma soprattutto lampadari, lampadari, lampadari. Normalmente è quello che non vedi mai fuori da una casa. E invece qui vedi ovunque lampadari. I più fragili, gli oggetti che per primi hanno dato, spesso inutilmente, l'allarme del terremoto.

È una vita ferma e crollata. Mi portano davanti alla casa dove è morta una bambina. I vigili del fuoco sanno ogni cosa. «Questa casa vedi, era bella, sembrava ben fatta, invece era costruita su fondamenta vecchie.» Si è fatto poco per controllare...

La dignità estrema di queste persone me la raccontano i vigili del fuoco: «Nessuno ci chiede niente. È come se per loro bastasse essere rimasti in vita. Un vecchietto mi ha detto: "Mi puoi chiudere le finestre? Sennò entra la polvere". Io sono andato, ho chiuso le finestre, ma alla casa mancano tetto e due pareti. Qui alcuni non hanno ancora capito cosa è stato il terremoto».

Franco Arminio, uno dei poeti più importanti di questo Paese, il migliore che abbia mai raccontato il terremoto e ciò che ha generato, scrive in una sua poesia: "Venticinque anni dopo il terremoto dei morti sarà rimasto poco. Dei vivi ancora meno". Siamo ancora in tempo perché in Abruzzo questo non accada. Non permettere che la speculazione vinca come sempre in passato è davvero l'unico omaggio vero, concreto, ai caduti di questo terremoto uccisi non dalla terra che trema ma dal cemento.

UOMINI

Ossa di cristallo

Suo nonno era di Napoli, il padre di suo padre Antoine, chiamato Tony. Da piccolo lo guardava suonare, si agitava e si affannava e tutti intorno credevano stesse soltanto giocando. Non gli avevano dato il nome del nonno ma aveva ereditato il suo talento per la musica. E Tony fu il primo ad accorgersene. Suo padre era "un uomo molto timido, molto riservato, molto italiano. In casa non bisognava parlare troppo di cose personali, né di soldi". Così Michel Petrucciani se lo ricorda. Chitarrista il nonno, chitarrista il padre.

La famiglia Petrucciani deve mantenere tre figli con quelle chitarre e il lavoro di sarta della madre. A volte si cena con caffelatte ma a casa non manca nulla. Telefono, auto, bei mobili. E un giorno arriva persino una televisione. Non una di quelle piccole che ci si acceca a guardarla. Ma una enorme. Michel si piazza lì davanti tutto il giorno. La televisione lo strega, e lo cambierà per sempre.

Una sera, aveva appena quattro anni, il padre lascia la tv accesa e trasmettono un concerto di Duke Ellington. Dentro quel bambino succede qualcosa che potrebbe essere descritto come una specie di incantesimo. Vuole un pianoforte. Il padre non può comprarglielo. La famiglia vive intorno a Michel con grande apprensione. È nato con una malattia dal nome impronunciabile: "osteogenesi imperfetta". Difficilmente qualcuno, sentendo quel termine, riesce a immaginarsi di che tipo di malattia si tratti. Ma il suo nome popolare è al contrario terribilmente chiaro: "ossa di cristallo".

Le ossa fragili come cristalli si spanano nelle giunture, si rompono, si scheggiano. Continuamente, per ogni motivo. Le cartilagini si sfibrano. La prima volta che le ossa di Michel si infransero era il 28 dicembre del 1962, a Orange, una bella cittadina del sud francese. Era il giorno della sua nascita. È nato rotto, Michel, e da quel giorno non ha mai smesso di cercare il modo per ricomporre i frammenti delle sue ossa.

Il pianoforte che il padre alla fine gli regala produce un suono falsato, niente a che vedere con quello del concerto di Ellington. E il piccolo Michel lo distrugge come un giocattolo che non funziona. Così suo padre va a recuperare un pianoforte vero alla base militare americana, dove spesso ne dismettono di usati. Michel, che viene educato in casa e fa impazzire gli insegnanti con la sua impertinenza, comincia a ricevere lezioni di pianoforte. Studia pianoforte classico per dieci anni, consegue un diploma di conservatorio. Il jazz gli è permesso solo come sport. Una stranezza, ma con uno scopo molto reale, pratico. Serve un esercizio per tonificargli i muscoli che devono reggere quelle ossa così sottili. Così lo mettono alla batteria e si esibisce insieme a suo padre e ai suoi fratelli.

Michel Petrucciani non è solo affetto da una malattia rara che gli causa perenne sofferenza, un'infanzia dentro e fuori dagli ospedali, ma è anche destinato a restare un nano. Da adulto non supera il metro, pesa fra i venticinque e i quarantacinque chili dell'ultimo periodo, quando la pancia diventa più prominente del mento. Mesi a letto, il corpo circondato da gessi, la spina dorsale bloccata da busti, fermo il collo. Passa il tempo infinito della degenza a guardare le uniche cose che nel suo corpo non si infrangono, le mani. Le sue mani non sono nemmeno piccole. Le sue mani sono il suo destino. L'unica parte di sé che può permettergli di costruire un mondo e non subire quello in cui è capitato. Nel modo in cui ci è capitato. Con le sue mani può cambiare le regole. Può trasformare. Il pianoforte è il suo territorio, le mani le sue armi. Quando è seduto allo sgabello del piano le gambe non toccano terra, non riesce a raggiungere i pedali. Il padre gli fabbrica un marchingegno in legno, un parallelogramma articolato, con cui riesce ad arrivarci.

Appena compiuti diciotto anni, Michel scappa. Da Parigi, dove ha cominciato a dare i primi concerti e ottenere i primi successi, prende un aereo per gli Stati Uniti senza sapere un parola di inglese e senza nemmeno avere i soldi per il viaggio. Tony, messo davanti al fatto compiuto, provvede poi a coprire l'assegno a vuoto staccato dal figlio partito alla conquista della terra dove il jazz è nato. E dove Michel, il più geniale jazzista non americano, sarà accolto come uno cui spetta di diritto un posto in mezzo ai grandi.

Arriva nel *Big Sur*, il Grande Sud, il tratto selvaggio della costa californiana dove hanno vissuto Kerouac e Henry Miller. Qui Orson Welles ha fatto costruire una villa enorme per viverci insieme alla moglie Rita Hayworth. Michel si piazza in casa di un amico spiantato e viene adottato dalla locale comunità di hippie e artisti.

Trova un modo per campare ricevendo vitto e alloggio in una clinica dove gente straricca va a curarsi, perché in cambio suona per qualche oretta al giorno. Trova anche una donna, Erlinda Montaño, di cui è tanto innamorato da proporle il matrimonio. Ma lei alla fine accetta di sposarlo solo per consentirgli di avere la *green card*. Più o meno come nel film omonimo, commenterà anni dopo Petruche: solo che Gérard Depardieu non è un nano di appena diciannove anni e Andie McDowell non è un'indiana di tribù Navajo. La vita supera la fantasia e nel caso di Michel Petrucciani lo fa in grande stile.

Un giorno lo portano a incontrare Charles Lloyd, uno

dei più grandi sassofonisti di tutti i tempi. Tormentato e insicuro, aveva conosciuto giorni di gloria con un quartetto formato insieme a Keith Jarrett. Poi quasi d'improvviso aveva deciso di abbandonare lo strumento, disgustato da tutto il mondo di discografici e musicisti, e si era ritirato a meditare in mezzo ai boschi lavorando come agente immobiliare. La celebrità del suo compagno pianista aveva giocato un ruolo in quella rinuncia, così quando il suo strano ospite gli dice che sarebbe capace di suonare il piano, Lloyd vuole sentirlo. Gli mostra quello che c'è in casa sua. Erlinda, che nei concerti solleva sul palco il marito che pesa come un bambino di tre anni, mette via le stampelle e lo aiuta a sistemarsi. Così Michel inizia a suonare. Charles Lloyd resta sconvolto. Pochi giorni dopo ha già organizzato un concerto a Santa Barbara, dove si esibiscono insieme per la prima volta. Il sassofonista, più vecchio di una trentina d'anni, presenta il suo nuovo compagno portandolo in giro in braccio e descrivendolo come "il ragazzo prodigio dalla Francia" che lo ha spinto a tornare sul palco. Uno strano miracolo, che sembrerebbe fin troppo californiano se Michel con il suo umorismo virulento e la sua vitalità mediterranea non fosse l'esatto contrario. Petrucciani resuscita il talento di Charles Lloyd e quest'ultimo invece lo fa venire al mondo.

Quando nel 1982 i due si esibiscono insieme al Festival di Montreux, la carriera di Petrucciani è appena cominciata. Da quel momento in poi sarà un giro trionfale per il mondo, con Petruche che diventa sempre più bravo tecnicamente, e sempre più libera e ricca la sua musica, che improvvisa o compone non solo a partire da temi dei più grandi maestri del jazz – da Bill Evans a Miles Davis – ma pure su canzoni popolari come *Besame mucho.*

Raggiunge tutto. Suona con le leggende del jazz, con Dizzie Gillespie e Wayne Shorter, con Stan Getz e Sarah Vaughan, con Stéphane Grappelli e tanti altri. Dà concerti alla Carnegie Hall di New York e si esibisce davanti a Giovanni Paolo II. Incide una trentina di dischi per le label più prestigiose e riceve a Parigi la Legion d'Onore, la più alta onorificenza del Paese dove è nato. Tutto in poco meno di vent'anni. Sembra che nulla possa fermarlo, che dentro a quel corpicino fragile come un bicchiere ci sia un'inesauribile sorgente.

Quando suona a volte sembra affogare, strozzato dalla posizione che deve mantenere alla tastiera, e allora alza la testa rapito da quello che sta suonando, come se stesse fissando uno spartito immaginario che lui solo può leggere e lui solo modificare così velocemente. E caccia fuori la lingua come per prendere aria, per concentrarsi. Buttare fori la lingua come cane assetato lo faceva anche Michael Jordan, il più grande cestista che la storia della Nba americana ricordi. La lingua di Petrucciani è più piccola ma esce fuori nel momento di massima necessità di aria, di pathos, di concentrazione.

Quella sua capacità di suonare stupiva il mondo. Gli ingenui credevano che lui fosse così noto perché era una sorta di mostriciattolo abile, che nonostante tutto era riuscito a divenire un bravo pianista. La verità è esattamente il contrario. Era un grandissimo pianista e quel corpo fragile e in miniatura rischiava di far dimenticare le note dietro la sua bizzarria. Sulla tastiera del pianoforte correva seguendo le mani. Un callo osseo gli impediva di allargare le braccia e allora zompettava sullo sgabello del piano raggiungendo le ottave alte e saltando fino a sprofondare sulle ottave basse. Vederlo suonare spesso dava l'impressione che premere i tasti per lui fosse come scalare una montagna velocemente e rincorrendo tutti i brividi delle vertigini. La sua musica era arrivata al cuore di milioni di persone, i suoi concerti erano ovunque eventi, ma a lui piaceva accettare inviti in posti non glamour. Il jazz doveva arrivare a tutti. Persino ad Aversa, ricordo, decise nel pieno della sua fama di andare a suonare. Il suo diario di vita era scritto con le note. Ovunque.

Ma il 6 gennaio 1999 Michel Petrucciani muore. Pare che a causare indirettamente la polmonite che gli costa la vita sia stata la cassa toracica collassata negli anni su se stessa, le sue piccole ossa che comprimono gli organi interni. Michel non aveva mai pensato di dover morire presto. Perché non amava solo la musica – a proposito di lei diceva che il solo vero talento consisteva nell'amarla così perdutamente da suonare dieci ore al giorno e avere l'impressione di aver suonato dieci minuti. Michel Petrucciani amava la vita. Ed è riuscito a viverla con tutta la passione che un essere umano può mettere nelle sue ore. Amava ridere dei suoi difetti fisici e di quelli degli altri, amava viaggiare, girare il mondo, avere belle case, era tentato di comprarne una in ogni posto che gli piaceva, fortuna che i suoi soldi non li gestiva da solo, altrimenti avrebbe sperperato tutto in ase. Adorava avere intorno tanti amici, e soprattutto amava le donne. E le donne ricambiavano. Michel ne ha avute tante, compagne, mogli, amanti. Dopo Erlinda si è sposato a New York con Gilda Buttà, una pianista classica, siciliana, bellissima. Poi Marie-Laure, e infine Isabelle, la donna che all'ultimo era al suo fianco. Sosteneva di averle amate tutte e aver sempre conservato con ciascuna una profonda amicizia, ma di non essere capace di resistere con nessuna per più di cinque anni.

Ci si chiede spesso come potesse Petrucciani, certo un enorme talento, attirare tante donne e tanto belle. Volavano i soliti pettegolezzi sulle doti sessuali di un nano. Circolavano aneddoti leggendari perché in molti non riuscivano a capire il meccanismo della bellezza. Non era la sua musica a distrarre e ammaliare le donne come in una danza dei serpenti. Tutto è nella frase di una delle sue più innamorate compagne: «Quando vedevo Michel vedevo tutto quello che lui immaginava. Tutto quello che Michel era. Ed è bellissimo». La bellezza non è solo tratto somatico, eleganza, luce, fascino. È la capacità di far vedere ciò che si è. Assomigliare a ciò che si immagina, mostrare ciò che si è veramente. Ogni volta che mi interrogo su cos'è la bellezza penso a Petrucciani.

Michel ha persino avuto due figli. Uno, Alexandre, ha ereditato la sua stessa malattia, ma in un documentario sta seduto in grembo a suo padre al pianoforte. Un padre e un figlio che hanno qualcosa in più, la musica e il talento, ma che si vogliono bene come tutti gli altri. Qualcuno ha storto il naso per la decisione di mettere al mondo figli con il rischio di trasmettere loro la propria patologia. E quando è successo qualcuno ha provato a far sentire in colpa Michel. Ma come poteva un compositore di vita pensare che un rischio fosse condizione sufficiente per non dare la vita? Non avrebbe mai perdonato a se stesso – questo sì – di non aver concesso una possibilità di vita. Esistere gli piaceva troppo, voleva condividerlo e trasmetterlo. Creare è ciò che gli ha insegnato la musica.

Perché la musica per Michel è vita, la vita stessa, non il suo più nobile surrogato, è l'infinita ricchezza del creato di cui uno scherzo di natura conosce il valore e la bellezza. Per lui le note equivalgono a colori. Su un accordo di Sol improvvisa una distesa verde che suggerisce un paesaggio provenzale inondato da una luce calda. E grazie alla musica Michel non riesce soltanto a far passare in secondo piano come è fatto – la stessa cosa che si dice sia capitata a Stevie Wonder con la cecità –, ma è in grado di ottenere dalla vita tutto quel che chiunque altro avrebbe desiderato. «La mia filosofia è spassarmela un mondo e non lasciare che qualsiasi cosa mi impedisca di fare ciò che voglio.»

Dopo aver suonato per quasi un'ora ininterrottamente durante un concerto, Michel si ferma, si gira verso il pubblico e chiede: «*Ça va?*». Quelli che sono venuti a sentirlo, ridono. È un modo per ringraziare e insieme sfotterli perché loro sono preoccupati per lui, si chiedono come ce la faccia a resistere, mentre Michel, pur soffrendo fisicamente, non è mai tanto appagato come quando suona. Non è il successo, non è nemmeno solo la soddisfazione di essere riuscito sempre a migliorare. No, sono proprio le note che lo fanno sentire bene. «È come fare l'amore, come raggiungere un orgasmo: però è legale e si può fare in pubblico.»

Giocarsi tutto

Lo incontro negli spogliatoi del Camp Nou di Barcellona, uno stadio enorme, il terzo più grande del mondo. Dagli spalti Messi è una macchiolina, incontrollabile e velocissima. Da vicino è un ragazzo mingherlino ma sodo, timidissimo, parla quasi sussurrando una cantilena argentina, il viso dolce e pulito senza un filo di barba. Lionel Messi è il più piccolo campione di calcio vivente. "La Pulga", la Pulce, è il suo soprannome. Ha la statura e il corpo di un bambino. Fu infatti da bambino, intorno ai dieci anni, che Lionel Messi smise di crescere. Le gambe degli altri si allungavano, le mani pure, la voce cambiava. E Leo restava piccolo. Qualcosa non andava e le analisi lo confermarono: l'ormone della crescita era inibito. Messi era affetto da una rara forma di nanismo.

Con l'ormone della crescita, si bloccò tutto. E nascondere il problema era impossibile. Tra gli amici, nel campetto di calcio, tutti si accorgono che Lionel si è fermato: «Ero sempre il più piccolo di tutti, qualunque cosa facessi, ovunque andassi». Dicono proprio così: «Lionel si è fermato». Come se fosse rimasto indietro, da qualche parte. A undici anni, un metro e quaranta scarsi, gli va larga la maglietta del Newell's Old Boys, la sua squadra a Rosario, in Argentina. Balla nei pantaloncini enormi, nelle scarpe, per quanto siano stretti i lacci, un po' ciabatta. È un giocatore fenomenale: però nel corpo di un bimbetto di otto anni, non di un adolescente. Proprio nell'età in cui, intravedendo un futuro, ci sarebbe da far crescere un talento, la crescita primaria, quella di braccia, busto e gambe, si arresta.

Per Messi è la fine della speranza che nutre in se stesso dal suo primissimo debutto su un campo di calcio, a cinque anni. Sente che con la crescita è finita anche ogni possibilità di diventare ciò che sogna. I medici però si accorgono che il suo deficit può essere transitorio, se contrastato in tempo. L'unico modo per cercare di intervenire è una terapia a base dell'ormone Gh: anni e anni di continuo bombardamento che gli permettono di recuperare i centimetri necessari per fronteggiare i colossi del calcio moderno

Si tratta di una cura molto costosa che la famiglia non può permettersi: siringhe da cinquecento euro l'una, da fare tutti i giorni. Giocare a pallone per poter crescere, crescere per poter giocare: questa diviene d'ora in avanti l'unica strada. Lionel, un modo di guarire che non riguardi la passione della sua vita, il calcio, non riesce nemmeno a immaginarlo.

Ma quelle dannate cure potrà permettersele solo se un club di un certo livello lo prende sotto le sue ali e gliele paga. E l'Argentina sta sprofondando nella devastante crisi economica, da cui fuggono prima gli investimenti, poi pure le persone, i cui risparmi si volatilizzano col crollo dei titoli di Stato. Nipoti e pronipoti di immigrati cresciuti nel benessere cercano la salvezza emigrando nei Paesi di origine dei loro avi. In quella situazione, nessuna società argentina, pur intuendo il talento del piccolo Messi, se la sente di accollarsi i costi di una simile scommessa.

Anche se dovesse crescere qualche centimetro – questo è il ragionamento – nel calcio moderno ormai senza un fisico possente non si è più nulla. La Pulce resterà schiacciata da una difesa massiccia, la Pulce non potrà segnare gol di testa, la Pulce non reggerà agli sforzi anaerobici richiesti ai centravanti di oggi. Ma Lionel Messi continua a giocare lo stesso nella sua squadra. Sa di doverlo fare come se avesse dieci piedi, correre più veloce di un puledro, essere imbattibile palla a terra, se vuole sperare di diventare un calciatore vero, un professionista.

Durante una partita, lo intravede un osservatore. Nella vita dei calciatori gli osservatori sono tutto. Ogni partita che guardano, ogni punizione che considerano eseguita in modo perfetto, ogni ragazzino che decidono di seguire, ogni padre con cui vanno a parlare, significa tracciare un destino. Disegnarlo nelle linee generali, aprirgli una porta: ma nel caso di Messi, ciò che gli viene offerto rappresenta molto di più. Non gli viene data solo l'opportunità di diventare un calciatore, ma la possibilità di guarire, di avere davanti una vita normale. Prima di vederlo, gli osservatori che sentono parlare di lui sono comunque molto scettici. "Se è troppo piccolo non ha speranza, anche se è forte" pensano. E invece: «Ci vollero cinque minuti per capire che era un predestinato. In un attimo fu evidente quanto quel ragazzo fosse speciale». Questo lo afferma Carles Rexach, direttore sportivo del Barcellona, dopo aver visto Leo in campo. È così evidente che Messi ha nei piedi un talento unico, qualcosa che va oltre il calcio stesso: a guardarlo giocare è come se si sentisse una musica, come se in un mosaico scollato ogni tassello tornasse a posto.

Rexach vuole fermarlo subito: «Chiunque fosse passato di lì l'avrebbe comprato a peso d'oro». E così fanno un primo contratto su un fazzoletto di carta, un tovagliolo da bar. Firmano lui e il padre della Pulce. Quel fazzoletto è ciò che cambierà la vita a Lionel. Il Barcellona ci crede in quell'eterno bimbo. Decide di investire nella cura del maledetto ormone che si è inceppato. Ma per curarsi, Lionel deve trasferirsi in Spagna con tutta la famiglia che insieme a lui lascia Rosario senza documenti, senza lavoro, fidandosi di un contratto stilato su un tovagliolo, sperando che dentro a quel corpo infantile possa esserci davvero il futuro di tutti. Dal 2000, per tre anni, la società garantisce a Messi l'assistenza medica necessaria. Crede che un ragazzino disposto a giocare a calcio per salvarsi da una vita d'inferno abbia dentro il carburante raro che ti fa arrivare ovunque.

Le cure però spezzano in due. Hai sempre nausea, vomiti anche l'anima. I peli in faccia che non ti crescono. Poi i muscoli te li senti scoppiare dentro, le ossa crepare. Tutto ti si allunga, si dilata in pochi mesi, un tempo che avrebbe dovuto invece essere di anni. «Non potevo permettermi di sentire dolore» dice Messi, «non potevo permettermi di mostrarlo davanti al mio nuovo club. Perché a loro dovevo tutto.» La differenza tra chi il proprio talento lo spende per realizzarsi e chi su di esso si gioca tutto è abissale. L'arte diventa la tua vita non nel senso che totalizza ogni cosa, ma che solo la tua arte può continuare a farti campare, a garantirti il futuro. Non esiste un piano B, un'alternativa qualsiasi su cui poter ripiegare.

Dopo tre anni finalmente il Barcellona convoca Lionel Messi e la famiglia sa che se non sarà in grado di giocare come ci si aspetta, le difficoltà a tirare avanti saranno insormontabili. In Argentina hanno perso tutto e in Spagna non hanno ancora niente. E Leo, a quel punto, ricadrebbe sulle loro spalle. Ma quando la Pulce gioca, sfuma ogni ansia. Allenandosi duramente con il sostegno della squadra, Messi riesce a crescere non solo in bravura, ma anche in altezza, anno dopo anno, centimetro dopo centimetro spremuto dai muscoli, levigato nelle ossa. Ogni centimetro acquisito, una sofferenza. Nessuno sa davvero quanto misuri adesso. Qualcuno lo dà appena sopra il metro e cinquanta, qualcuno al di sotto, qualche sito parla di un Messi che continuando a crescere è arrivato al metro e sessanta. Le stime ufficiali mutano, concedendogli via via qualche centimetro in più, come se fosse un merito, un premio conquistato in campo.

Fatto è che quando le due squadre sono in riga prima del fischio iniziale, l'occhio inquadra tutte le teste dei giocatori più o meno alla stessa altezza, mentre per trovare quella di Messi deve scendere almeno al livello delle spalle dei compagni. Per uno sport dove conta sempre più la potenza e, per un attaccante, i quasi due metri di Ibrahimovic e il metro e ottantacinque di Beckham sono diventati la norma, Lionel continua a somigliare pericolosamente a una pulce. Come dice Manuel Estiarte, il più forte pallanuotista di tutti i tempi: «È vero, bisogna calcolare che le probabilità che Messi esca sconfitto da un impatto corpo a corpo sono elevate, come elevato è il rischio che venga totalmente travolto dai difensori. Ma solo a una condizione... prima devono riuscire a raggiungerlo».

E infatti nessuno riesce a stargli dietro. Il baricentro è basso, i difensori lo contrastano, ma lui non cade, né si sposta. Continua a tenere la corsa, rimbalza palla al piede, non si ferma, dribbla, scavalca, sguscia, fugge, finta. È imprendibile. A Barcellona malignano che le star della difesa del Real Madrid, Roberto Carlos e Fabio Cannavaro, non sono mai riuscite a vedere in faccia Lionel Messi perché non riescono a rincorrerlo. Leo è velocissimo, sfreccia via con i suoi piedi piccoli che sembrano mani per come riesce a tener palla, a controllarne ogni movimento. Per le sue finte, gli avversari inciampano nell'ingombro inutile dei loro piedi numero quarantacinque.

In una pubblicità dove era stato invitato a disegnare con un pennarello la sua storia, è divertente e malinconico vedere Messi ritrarre se stesso come un bimbetto minuscolo tra lunghissime foreste di gambe, perso lì tra palloni troppo grandi che volano lontano. Ma quando toccano terra, lui veloce li aggancia e piccolo com'è riesce a passare tra le gambe di tutti e andare in porta. Quando ci sono le rimesse laterali e gli avversari riprendono fiato, è proprio in quel momento che lui schizza e li sorpassa, così quando si immaginavano, i marcatori, di averlo dietro la schiena, se lo ritrovano già cinque metri avanti. Il grande giocatore non è quello che si fa fare fallo, ma quello cui non arrivi a tendere nessuno sgambetto.

Vedere Messi significa osservare qualcosa che va oltre il calcio e coincide con la bellezza stessa. Qualcosa di simile a uno slancio, quasi un brivido di consapevolezza, un'epifania che permette a chi è lì, a vederlo sgambettare e giocare con la palla, di non percepire più alcuna separazione tra sé e lo spettacolo cui sta assistendo, di confondersi pienamente con ciò che vede, tanto da sentirsi tutt'uno con quel movimento diseguale ma armonico. In questo le giocate di Messi sono paragonabili alle sonate di Arturo Benedetti Michelangeli, ai visi di Raffaello, alla tromba di Chet Baker, alle formule matematiche della teoria dei giochi di John Nash, a tutto ciò che smette di essere suono, materia, colore, e diventa qualcosa che appartiene a ogni elemento, e alla vita stessa. Senza più separazione, distanza. E non si è mai vissuto senza, solo che quando si scoprono per la prima volta, quando per la prima volta le si osserva tanto da restarne ipnotizzati, la commozione è inevitabile e non si arriva ad altro che a intuire se stessi. A guardarsi nel proprio fondo.

Ascoltare i cronisti sportivi che commentano le sue cavalcate basterebbe per definire la sua epica di giocoliere. Durante un incontro Barcellona-Real Madrid, il cronista vedendolo assediato da tentativi di fallo smette di descrivere la scena e inizia solo un soddisfatto: «Non va giù, non va giù, non va giuuuuuù». Durante un'altra sfida fra le storiche rivali, l'ola estatica «Messi, Messi, Messi, Messi» riceve una "a" supplementare che gli rimarrà addosso: Messia. È questo l'altro soprannome che la Pulce si è guadagnato con la grazia beffarda delle sue avanzate, con lo stupore quasi mistico che suscita il suo gioco. "L'uomo si fece Dio e inviò il suo profeta", così dicono le scritte in un servizio televisivo dedicato a el Mesias, e a colui che come incarnazione divina del calcio lo precedette: Diego Armando Maradona.

Sembra impossibile ma Messi quando gioca ha in testa le giocate di Maradona, così come uno scacchista spesso si ispira alla strategia di un maestro che si è trovato in una situazione analoga. Il capolavoro che Diego Armando aveva realizzato il 22 giugno 1986 in Messico, il gol votato il migliore del secolo, Lionel riesce a ripeterlo pressoché identico e quasi esattamente vent'anni dopo, il 18 aprile 2007, a Barcellona. Pure Leo parte da una sessantina di metri dalla porta, anche lui scarta in un'unica corsa due centrocampisti, poi accelera verso l'area di rigore, dove uno degli avversari che aveva superato cerca di buttarlo giù, ma non ci riesce. Si accalcano intorno a Messi tre difensori, e invece di mirare alla porta, lui sguscia via sulla destra, scarta il portiere e un altro giocatore... e va in gol. Dopo aver segnato, c'è una scena incredibile, con i giocatori del Barcellona pietrificati, con le mani sulla testa, si guardano intorno come a non credere che fosse possibile ancora assistere a un gol del genere. Tutti pensavano che un uomo solo fosse capace di tanto. Ma non è stato così.

La stampa si inventa subito il nomignolo "Messidona", ma c'è qualcosa nella somiglianza dei due campioni argentini che oltrepassa simili trovate e mette i brividi. In uno sport che la fase epica sembra essersela lasciata alle spalle, le prodezze di Messi somigliano al reiterarsi di un mito, e non di un mito qualsiasi, ma di quello che più fortemente è in contrasto con il nostro tempo: Davide contro Golia. Fisici minuscoli, quartieri poveri, incapacità nel vedersi diversi da quando giocavano nei campetti, faccia sempre uguale, rabbia sempre uguale, come un'accidia che ti porti dentro.

Teoricamente avevano tutto quanto bastava per sbagliare, tutto quanto bastava per perdere, tutto quanto bastava per non piacere a nessuno e per non giocare. Ma le cose sono andate diversamente.

Messi, quando Maradona segnava quel gol in Messico, non era neanche nato. Nascerà nel 1987. E la ragione per cui io l'ho seguito a Barcellona, al punto di volerlo incontrare, ha la sua origine proprio in questo: l'essere cresciuto a Napoli nel mito di Diego Armando Maradona. Non dimenticherò mai la partita dei Mondiali del 1990, un destino terribile portò l'Italia di Azeglio Vicini e Totò Schillaci a giocare la semifinale contro l'Argentina di Maradona proprio al San Paolo. Quando Schillaci segna il primo gol, lo stadio gioisce. Ma si sente che nelle curve qualcosa non va. Dopo il gol di Caniggia il tifo non napoletano – non autoctono – inizia a prendersela con Maradona, e lì accade qualcosa che non succederà mai più nella storia del calcio e mai era successo sino ad allora: la tifoseria si schiera contro la propria nazionale di calcio. I tifosi della curva napoletana iniziano a urlare: «Diego! Diego!». D'altronde erano abituati a farlo, come biasimarli, come potevano identificarsi in altri? In quel momento è Maradona che rappresenta la tifoseria del San Paolo più di una nazionale di giocatori provenienti da altre città d'Italia, da Roma, Milano, Torino.

Maradona era riuscito a sovvertire la grammatica delle tifoserie. E a Roma gliela fecero pagare durante la finale Argentina-Germania, dove il pubblico, per vendicarsi dell'eliminazione dell'Italia in semifinale e delle defezioni create all'interno della tifoseria, inizia a fischiare l'inno nazionale. Maradona aspetta che la telecamera, nella carrellata sui giocatori, arrivi sulle sue labbra, per lanciare un «*Hijos de puta!*» ai tifosi che non rispettano neanche il momento dell'inno. Una finale terribile, dove a Napoli si tifava tutti, ovviamente, per l'Argentina. Ma poi il momento del rigore assolutamente dubbio distrugge ogni speranza. La Germania chiaramente in difficoltà deve però vincere e vendicare l'Italia battuta. Un rigore dubbio per un fallo su Rudi Voeller, lo realizza Andreas Brehme. E il commento del cronista argentino fu: «Solo così, fratello... solo così potevate vincere contro Diego».

Ricordo benissimo quei giorni. Avevo undici anni, e difficilmente tornerò mai a vedere quel tipo di calcio. Ma qualcosa sembra tornare, di quel tempo. Il gol del Messico contro l'Inghilterra, il gol rifatto dalla Pulce vent'anni dopo, segna uno dei momenti indimenticabili della mia infanzia. Mi chiedo che meraviglia e che vertigine sarebbe veder giocare Messi al San Paolo, lui, di cui lo stesso Maradona disse: «Vedere giocare Messi è meglio che fare sesso». E Diego, di entrambe le cose, se ne intende. «Mi piace Napoli, voglio andarci presto» dice Lionel. «Starci un po' dev'essere bellissimo. Per un argentino è come essere a casa.»

Il momento più incredibile del mio incontro con Messi è quello in cui gli dico che quando gioca somiglia a Maradona – somiglia: perché non so come esprimere una cosa ripetuta mille volte, anche se devo dirgliela lo stesso – e lui mi risponde: «*Verdad?*» (Davvero?) con un sorriso ancor più timido e contento. Del resto, Lionel Messi ha accettato di incontrarmi non perché sia uno scrittore o per chissà cos'altro, ma perché gli hanno detto che vengo da Napoli. Per lui è come per un musulmano nascere alla Mecca. Napoli per Messi, e per molti tifosi del Barcellona, è un luogo sacro del calcio. È il luogo della consacrazione del talento, la città dove il dio del pallone ha giocato gli anni più belli, dove dal nulla è partito verso la sconfitta delle grandi squadre, verso la conquista del mondo.

Lionel appare il contrario di come ti aspetti un giocatore: non è sicuro di sé, non usa le solite frasi che gli consigliano di dire, si fa rosso e fissa i piedi, o si mette a rosicchiare le unghie dell'indice e del pollice avvicinandole alle labbra quando non sa che dire e sta pensando. Ma la storia della

Pulce è ancora più straordinaria. La storia di Lionel Messi è come la leggenda del calabrone. Si dice che il calabrone non potrebbe volare perché il peso del suo corpo è sproporzionato alla portanza delle sue ali. Ma il calabrone non lo sa e vola. Messi con quel suo corpicino, con quei suoi piedi piccoli, quelle gambette, il piccolo busto, tutti i suoi problemi di crescita, non potrebbe giocare nel calcio moderno tutto muscoli, massa e potenza. Solo che Messi non lo sa. Ed è per questo che è il più grande di tutti.

Tatanka Skatenato

"Non c'è impresa migliore che quella realizzata con le proprie mani." E i pugili concordano con questa frase di Omero. La boxe è rabbia disciplinata, forza strutturata, sudore organizzato, sfida di testa e muscoli. Sul ring o fai di tutto per restare in piedi oppure dai fondo alle tue energie e metti in conto di andare giù. In ogni caso combatti, uno contro uno. Non ci sono altre possibilità e nessun'altra mediazione.

Ci saranno due campioni nella nazionale azzurra alle prossime Olimpiadi: Clemente Russo, novantuno chili, peso massimo, e Domenico Valentino, sessanta chili, peso leggero. Ventisei e ventiquattro anni. Campione del mondo il primo, vicecampione il secondo. Tutti e due poliziotti. Pugili che gli avversari cinesi studiano da anni in previsione degli incontri di Pechino. Russo e Valentino sono entrambi di Marcianise, la tana dove si allevano i cuccioli della boxe. Quando crescono, vanno nella polizia o nell'esercito e infine dritto alle Olimpiadi.

Marcianise, paesone di quarantamila abitanti, è una delle capitali mondiali del pugilato, senza dubbio la capitale italiana. Ci sono tre palestre gratuite dove i ragazzi di tutto il Casertano vanno a tirare al sacco. Esiste una ragione perché Marcianise sia il vivaio storico dei pugili in Italia. Proprio qui gli americani stanziati in Campania chiamavano come *sparring partners* i carpentieri e bufalari della zona, che si misuravano con i marines per un paio di dollari. E dopo esser riusciti a batterne parecchi, continuarono a combattere e misero su palestre e cominciarono a insegnare ai ragazzi del posto.

Uno dei coach che ha reso gloriosa la palestra Excelsior di Marcianise è Mimmo Brillantino. Una sorta di sacrestano del pugilato, allenatore di campioni europei, olimpici, mondiali. Li individua da bambini, li annusa, li segue, li guarda nell'anima. E poi li cresce, metà domatore di tigri metà fratello maggiore. Ogni mattina, Mimmo Brillantino si presentava all'alba sotto casa di Clemente Russo per svegliarlo. Ore sei: corsa. Fino alle otto e trenta, quando cominciava la scuola. Finita quella, andava a prenderlo: pranzo, compiti e poi di nuovo allenamento. Col sole in maniche corte, sotto la pioggia col cappuccio. Ci si allena sempre, con costanza.

Poco prima della partenza per le Olimpiadi, incontro Clemente Russo e Domenico Valentino nel centro polisportivo della polizia di Stato dove si allenano tutti i poliziotti impegnati in ogni disciplina. Dal grande judoka Pino Maddaloni alla campionessa di scherma Valentina Vezzali, sono tutti nelle Fiamme Oro. Clemente Russo qui lo chiamano "Tatanka", parola con cui i Lakhota Sioux indicano il bisonte maschio. Il nome glielo mise uno dei suoi maestri dopo aver visto *Balla coi lupi*. Cercando di comunicare con il suo nuovo amico Uccello Scalciante, il tenente John Dunbar si mette carponi, due dita sulla testa per rappresentare le corna di un bisonte. Il capo tribù capisce e dice: «*Tatanka*». Dunbar annuisce e ripete.

Clemente Russo si è guadagnato quel soprannome perché sul ring a volte si dimentica di essere un pugile. Abbassa la testa, naso all'altezza del petto, occhi tirati su, fronte bassa e giù a picchiare. Bisogna urlarglielo dall'angolo che è uno sportivo, non un picchiatore. Ma come dice

Giulio Coletta dello staff azzurro: «Se combatti così e non butti giù subito il tuo avversario, quello ti frega, perché tu perdi tutte le tue energie e poi non hai più fiato per difenderti né concentrazione. E poi crolli. Come un bisonte dopo aver caricato».

Tatanka ha un tatuaggio sul costato. Un bisonte americano in corsa, ma che sulle zampe anteriori calza i guantoni. Clemente mi racconta che entrò in palestra «perché ero chiatto! E non ne potevo più di stare sempre fuori dai bar». Oggi il maggior pregio di Clemente Russo è la visione d'insieme. Sembra avere in testa dal primo all'ultimo minuto cosa deve fare. E poi è potente, ma non la considera la sua qualità migliore: «La forza è l'ultima cosa. La prima è la mente. È centrale, Robbè». I veri pugili non nascono come attaccabrighe, anzi spesso si va in palestra per sviluppare aggressività e solo poi per dominarla. «Prima cosa: non bisogna prenderle. Poi la seconda è darle.» Su questo Clemente e Domenico si esprimono in coro.

La palestra che li ha sfornati, la Excelsior, ha festeggiato vent'anni di attività, di cui dieci in cima alla classifica riservata alle società pugilistiche. Ma a differenza di quanto accade per altri sport, gli allenatori che li seguono con una passione da missionari guadagnano quattro soldi, giusto il necessario per sopravvivere. Eppure passano le giornate in palestra a costruire pugili. A conteggiare le flessioni, a insegnargli a bucare il sacco, a saltare la corda, a correre, a resistere. «E a essere uomini» aggiunge Claudio De Camillis, poliziotto, arbitro internazionale e capo del settore Fiamme Oro, che li ha visti tutti.

«Ci chiamano da Marcianise, ce li segnalano quando sono pischelli. Arriva la telefonata di Brillantino o del coach Angelo Musone, o di Clemente De Cesare, Salvatore Bizzarro, e Raffaele Munno, i "Templari" della boxe. Noi li prendiamo perché loro ci segnalano anche la testa di questi ragazzi, la provenienza, la serietà.» La polizia li arruola e ci crede.

Senza le Fiamme Oro non esisterebbe il pugilato dilettantistico. Quindi non esisterebbe più la boxe in Italia.

Ormai gli sponsor non ci investono più e l'unica possibilità sarebbe andare in Germania, Paese che attira le scuole più temute della boxe contemporanea, i pugili dell'Est. Russi, ucraini, kazaki, uzbeki, bielorussi. I nuovi combattenti affamati. I gladiatori che hanno rilanciato l'attenzione mondiale verso il pugilato e rendono oggi la Germania la terra promessa della boxe. A Marcianise anche molti italiani sono diventati campioni, altri sono rimasti bravi atleti e nulla più. Però tutti si sono tenuti lontani dalla camorra. A volte i ragazzi imparentati a una famiglia andavano ad allenarsi la mattina e quelli della famiglia rivale ci andavano nel pomeriggio, ma la boxe li trascinava comunque via da certe logiche.

Le regole del pugilato sono incompatibili con quelle dei clan. Uno contro uno, faccia a faccia. La fatica dell'allenamento, il rispetto della sconfitta. La lenta costruzione della vittoria. Come ricorda Clemente Russo: «È una vita di sacrifici, sono vent'anni che non ho la forza di fare tardi la sera. E non mi ricordo un momento in cui potevo permettermi di cazzeggiare tra i bar, come si fa dalle nostre parti». La camorra non gestisce il pugilato per una semplice ragione, e Clemente Russo la conosce bene: «Non girano più tanti soldi. Con il primo titolo europeo juniores che ho vinto mi sono comprato un motorino».

È solo in Germania e in Spagna che la mafia russa continuamente si infiltra per cercare di entrare nel business. Ma a quelli che comandano a Marcianise, i Belforte e i Piccolo, i soldi e i modi per procurarseli non mancano. I primi sono persino riusciti a far venire le telecamere della "Vita in diretta" per riprendere il matrimonio di Franco Froncillo, fratello dell'emergente boss Michele Froncillo. Volevano che quelle nozze con tanto di elicottero che faceva scendere una pioggia di petali sugli sposi e sugli altri invitati non fossero immortalate dalle solite riprese a pagamento, ma dalla Rai. Di modo che non solo i parenti ma le casalinghe di tutt'Italia potessero ammirare e invidiare la sposa.

I "Mazzacane" e i "Quaqquaroni" – come vengono chiamate le famiglie rivali – sono due clan capaci di egemonizzare un vasto territorio disseminato di piccole e medie aziende. Un territorio che ospita il più grande centro commerciale d'Italia e il più grande cinema multisala – primati strani per una regione piena di disoccupazione e segnata dall'emigrazione. Significa che ci sono molti subappalti da vincere, molti parcheggi da gestire, molte polizie private da imporre. E soprattutto molto racket.

Nel marzo 2008 il Comune di Marcianise è stato sciolto per infiltrazione camorristica. E nel 1998 Marcianise era stata la prima città italiana dalla fine della Seconda guerra mondiale a vedersi imporre il coprifuoco dal prefetto. Negli anni '90 si contava un morto al giorno. Quando iniziarono a massacrarsi i Mazzacane e i Quaqquaroni, gli allenatori di boxe furono fondamentali per salvare il territorio. Seguendo nient'altro che l'imperativo del pugilato, "tutti in palestra senza distinzione di colore, testa, gusto": perché "dentro si è tutti rossi, come il sangue", come dicono nelle palestre dalle mie parti.

Mimmo Brillantino e gli altri coach andavano a prendersi i ragazzini nei bar, nelle piazze, fuori da scuola. E così li strappavano al deserto in cui i clan riescono a reclutare i giovani di generazione in generazione per metterli sulle loro scacchiere. La boxe rompeva questo meccanismo e lo faceva in modo definitivo. Il ring è più efficace, in questo, di una laurea. Perché quando hai combattuto col sudore della tua fronte e con le tue mani, arruolarsi diviene una sconfitta.

A Chicago, nel 2007, Tatanka ha dimostrato cosa significa venire da una palestra di Marcianise. Si è messo il suo caschetto azzurro e ha battuto il tedesco Povernov, col quale aveva perso nel 2005 ai Mondiali in Cina. Ha schivato i pugni del montenegrino Gajovic, che pur esperto di Europei, Mondiali e Olimpiadi e pur avendo eliminato molti sfidanti promettenti non riusciva a inquadrare Clemente che gli sfuggiva. Poi ha sconfitto il cinese Yushan, ambiziosissimo. Fino al capolavoro conclusivo contro il possente mancino Chakhkiev che per tre riprese ha condotto in apparenza il gioco, aiutato dai giudici che ignoravano i colpi di Russo. La tattica aveva consentito a Chakhkiev di scattare al suono dell'ultima tornata con un 6-3 che sembrava metterlo al sicuro. L'angolo di Clemente era demoralizzato, cercava di non farglielo capire, ma ormai si preparava alla sconfitta. Però Tatanka ci ha creduto sino alla fine. «Nun ce 'a fa cchiù, ha finito la miscela. Lo batto, lo batto.» In due minuti inizia la rimonta. Un gancio, un *jab*, schiva un sinistro e va dritto allo zigomo del russo. Mette assieme quattro punti senza incassare neanche un colpo. Chakhkiev s'è preso una grandinata di cazzotti. Non riesce nemmeno più a ricordarsi dov'è. L'incontro si conclude sul 7-6 e Clemente ne esce campione del mondo.

L'altro talento mondiale marcianisano è Domenico Valentino. Tutti lo chiamano Mirko. È il nome che la madre aveva scelto, solo che per rispetto verso il suocero gli ha poi messo il nome del nonno. Ma dopo aver pagato il debito all'anagrafe, l'ha subito chiamato Mirko. Il miglior peso leggero che abbia mai visto. Veloce, tecnico, non dà tregua all'avversario. La sua strategia ce la spiega lui: «Tocca e fuggi, tocca e fuggi». «Facevo il parrucchiere per donne» racconta, «poi ho iniziato ad allenarmi. A Marcianise è normale e così mi sono accorto che dentro di me c'era un pugile.» Sembra incredibile che uno dei pugili più forti al mondo abbia fatto il parrucchiere, pare quasi il riscatto d'immagine di un'intera categoria.

Mirko da coiffeur è divenuto il più temuto peso leggero europeo. Quando è all'angolo parla spagnolo. «Metto la esse alla fine di tutte le parole, così mi sento un po' Mario

Kindelán.» Kindelán, peso leggero cubano e mito di Mirko, è stato due volte medaglia d'oro alle Olimpiadi e tre volte campione mondiale. Quando vinceva, sussurrava ai suoi sfidanti al tappeto: «Non sono miei questi pugni, sono i pugni della rivoluzione».

Domenico Valentino si guarda allo specchio per studiarsi i movimenti, velocissimi, i piedi che roteano assieme al destro. Lo specchio è fondamentale nella boxe. Salti la corda davanti allo specchio, lanci i pugni, metti a punto la guardia. Ti guardi così tanto che riesci a vederti come un altro. Il corpo che incontri riflesso non è più il tuo. Ma un corpo e basta: da modellare, da costruire. Da rendere insensibile al dolore e forte alla reazione.

Il pugilato rimane uno sport epico perché si fonda su regole della carne che pongono l'uomo di fronte alle sue possibilità. Anche l'ultimo della Terra con le sue mani, la sua rabbia, la sua velocità può dimostrare il proprio valore. Il combattimento diviene un confronto con questioni ultime che la vita contemporanea ha reso quasi impossibile. Sul ring comprendi chi sei e quanto vali. Quando combatti non conta il diritto, non conta la morale, non conta nulla se non il tuo perimetro di carne, le tue mani, i tuoi occhi. La velocità nel colpire e schivare, la capacità di sopravvivere o soccombere, di vincere o fuggire. Non puoi mentire, nel contatto fisico. Non puoi chiedere aiuto. Se lo fai, accetti la sconfitta.

Ma non è l'esito di un incontro a stabilire chi veramente è più forte. Più che la vittoria, più che i risultati degli incontri, conta la pratica dell'esperienza del dolore, conta l'assenza di senso che occorre sostenere per poter salire sul ring e starci. Per stare dentro la vita. Agonismo e agonia. Claudio De Camillis prende Mirko per un braccio e dice: «Guarda qua, Robbè, questo non è manco sessanta chili. Se lo vedi per strada, dici: questo lo schiaccio. E invece è un carro armato».

Domenico Valentino al Mondiale di Chicago ha battuto l'armeno Javakhyan, vicecampione europeo, in velocità. Gli ballava davanti e appena quello tentava di colpirlo, lo riempiva di pugni. Poi ha vinto contro Kim Song Guk, nordcoreano, un pugile allenato ai colpi veloci, ma che non riusciva a beccare lui. In finale con l'inglese Frankie Gavin, Valentino si è presentato con la mano destra infortunata: il suo punto debole, le mani piccole e fragili. Un vantaggio che Gavin ha sfruttato alla perfezione. Peccato. «Io non lavo mai niente fino a quando vinco. Mutande, calzettoni, pantaloncini. Poi se perdo butto via tutto. E quando vinco non mi puoi stare vicino, tanto puzzo di sudore.»

Anche stavolta ha le mani ferite. Gli chiedo: «Non le avevi coperte bene con le bende?». «No» mi risponde, «questa è un'altra cosa.» E gira la testa. Sotto la nuca appare un nome tatuato: "Rosanna", la fidanzata. Dopo un po' ammette: «Ho litigato con lei e siccome sono nervoso ho distrutto un motorino a pugni. Ma se vinco alle Olimpiadi, me la sposo». Domenico Valentino ha un fortissimo senso della sfida e anche del rispetto per lo sfidante. «Dal mio angolo non sentirai mai frasi tipo "ammazzalo", "uccidilo". Mai. Si batte il nemico. Punto.» È rimasto in ottimi rapporti con Frankie Gavin, è amico della nazionale uzbeka, però «non amo i turchi perché quando vincono ti prendono in giro, ti sventolano la bandiera sotto il naso. Per il resto: tutti fratelli combattenti».

Un incontro memorabile è stato quello contro Marcel Schinske a Helsinki nel 2007. I ragazzi di Marcianise se lo vanno a rivedere su YouTube. Il pugile tedesco tenta una strategia d'attacco. Si agita, vuole intimorire. Si scopre, errore fatale se combatti con un pugile veloce. E infatti Valentino gli infila subito un diretto al mento, così forte che Schinske non solo va al tappeto immediatamente, ma cade rigido, le braccia bloccate ancora in guardia, gli occhi rivoltati all'insù. Domenico Valentino non dimenticherà mai più quel diretto. «Robbè, ho sentito come una scarica elettrica in tutto il braccio. Mai avevo sentito una cosa così. È come se tutto il suo dolore mi fosse entrato dentro. Mi sono spaventato perché dopo essere andato ko, ha iniziato anche a scalciare come un epilettico.»

Ricorda Claudio De Camillis: «L'ho dovuto prendere e abbracciare, lentamente farlo scendere dal ring. Piangeva, ha singhiozzato per quaranta minuti, pensava di averlo ammazzato. Solo quando gli ho assicurato che stava bene s'è calmato». Può sembrare incredibile ma è così: salire sul ring per buttare giù un avversario e una volta buttatolo giù preoccuparsi che non si sia fatto troppo male, che possa continuare a essere uomo e pugile. Come Joe Frazier, uno dei miti di Clemente Russo.

Joe Frazier combatteva compatto, un mattone nerissimo di muscoli, ma agile, e vinse il titolo mondiale. Ma in quel periodo il campione dei campioni, Mohamed Alì, era fuori, aveva deciso di mollare la boxe. E nel 1971, quando Frazier incontra Alì, capisce che solo dopo averlo affrontato potrà definirsi davvero un campione. Dopo quindici riprese, trova la strada per un gancio. Alì cade. Battuto. Quattro anni dopo, Frazier rinnova la sfida. Un match considerato tra i migliori mai combattuti. Nessuno riesce a sopraffare l'altro. Frazier e Alì sanguinano entrambi, gli occhi perdono visuale gonfiandosi, il fiato manca. Gli arbitri non trovano il coraggio di fermare un match seguito da tutto il mondo, gli allenatori non se la sentono a esser loro a gettare la spugna. Allora è Frazier che decide. Sono entrambi stanchi e pesti e Frazier teme di ammazzare o di essere ammazzato. Cuore a mille, respiro corto, mascella lussata, sangue dalle sopracciglia, giudici imbarazzati. Joe Frazier riconosce che tocca a lui. E si ritira lasciando la vittoria ad Alì.

Le leggi che emergono quando le altre non funzionano sono scritte col corpo. Lealtà, rabbia, stima dell'avversario nascono dopo che hai tentato di massacrarlo e dopo che lui ha tentato di massacrare te e si è pari. «In fondo» disse allora Frazier «non c'è bisogno di trovare troppe motivazioni. Dentro di te lo sai sempre cosa è giusto e cosa è sbagliato.» Joe Frazier aveva citato Immanuel Kant senza saperlo.

Domenico ha una faccia inconfondibile. Ha la maschera del pugile anche se «il naso non me l'hanno mai rotto, ce l'ho così naturalmente». Uno di quei visi che i pugni e gli esercizi levigano lentamente come vento e acqua fanno con le rocce. Piero Pompili lo inquadra, poi mi dice di guardare nell'obiettivo e mi appare un viso quasi azteco. Piero Pompili fotografa pugili da sempre. Quasi tutti i pugili del mondo sono stati ritratti da lui in palestra quando erano solo un agglomerato di ambizioni e speranze davanti al sacco. Pompili riconosce in loro le opere dei grandi maestri: «Guido Reni, ecco Guido Reni», oppure: «Caravaggio, sei un Caravaggio». I pugili lo guardano, gli vogliono bene, ma non capiscono quel che lo esalta. E lui li incalza come fanno i fotografi di modelle, ma con parole assai diverse: «Vai, Tatanka, gancio, gancio. Vai Mirko, veloce, colpisci, colpisci». Pompili vede oltre, l'insieme delle pulsioni che dilaniano un uomo è tracciato nel bianco e nero delle sue foto.

Guardando Tatanka sul ring mentre Pompili scatta, ho sensazioni diverse. Non ho mai provato invidia verso un uomo in vita mia, Clemente Russo invece lo invidio. Il suo corpo in movimento trasmette un senso arcaico di familiarità. Perché è così che ti immagini Ettore, Alessandro, Achille, Enea, i soldati di Senofonte, i soldati a Salamina o alle Termopili. Più tardi vieni a sapere che non erano muscolosi, che Achille non superava il metro e cinquanta, Leonida era tondeggiante e spelacchiato, ma nessuno ti toglie più dalla mente l'immagine della bellezza epica del combattimento e Clemente Russo ora la incarna.

«Prima di un match» dice Tatanka «non riesco a pensare a niente. Prima di un match non faccio l'amore per una settimana. Niente. Sto concentrato e vedo solo in testa i miei colpi, quelli che dovrebbero risolvere l'incontro.» «Io invece penso a chi non c'è più» ribatte Mirko, «gli amici andati via. I parenti scomparsi.» Si combatte sempre per qualcuno, per qualcosa che deve arrivare, si combatte sempre in nome di qualcosa, ma istintivamente. «Noi siamo come i cavalli alle gabbie prima della corsa. Questo siamo, prima dell'incontro.»

A Clemente, i pugili che piacciono di più sono Roy Jones jr e Oscar De La Hoya. E Mohamed Alì? Risponde Mirko: «Alì era grande di testa, ma forse ce n'erano migliori di lui. Ma nessuno come lui è stato insieme testa, corpo, immagine, lotta politica. Alì era un campione della comunicazione. Non solo un pugile».

Roy Jones jr è un pugile che ha importato la break dance nella boxe. I suoi incontri erano un vero e proprio spettacolo di danza. A volte prima di colpire faceva dei passi ritmati indietro, simili alle mosse a scatti di un rapper. Roy Jones jr combatteva a guardia bassa, apriva completamente le braccia, sporgeva la testa in avanti e faceva partire una grandinata di *jab*, da destra o da sinistra. Spesso si allenava in acqua. «Tirare cazzotti sott'acqua rende l'aria più leggera» gli diceva il suo allenatore.

Oscar De La Hoya, amato pure da Valentino, è un pugile americano di origine messicana che cambia continuamente categoria perché per anni nessuno è riuscito a batterlo. Ha dovuto trovarsi gli sfidanti in giro per il mondo. Oscar De La Hoya sale sul ring e il suo staff gli porta dietro una bandiera bifronte, da un lato stelle e strisce, dall'altro il tricolore con l'aquila del Messico. Ogni incontro vinto Oscar lo dedica a sua madre, morta di cancro quando lui aveva diciotto anni. Lavora ai fianchi, poi parte coi colpi agli zigomi, acceca gli occhi e, quando lo sfidante si stringe alle corde e cade, Oscar De La Hoya si allontana lasciando la conta all'arbitro finché non lo sente arrivare a dieci. Allora guarda in cielo ed esclama: «Per te, mamma». De La Hoya è un pugile completo, veloce, non un grande incassatore, ma dinamico, arrabbiato. «Per me l'incontro più bello» dice Mirko «è De La Hoya contro Floyd Mayweather jr, due condottieri. Il meglio del pugilato in assoluto.» De La Hoya, faccia da indio; Mayweather, viso da bravo ragazzo, lineamenti dolci. Il primo a rappresentare i messicani, i portoricani, i *latinos*, in genere tutta l'emigrazione senza *green card*. Il secondo, la borghesia afroamericana, gli uomini d'ebano eleganti, i neri che ce l'hanno fatta. Malcolm X è lontano. E ancora di più lo sono O.J. Simpson, Puff Daddy, i neri cafoni che esibiscono danaro, successo, donne.

Nella presentazione del match, Mayweather gioca a fare il verso ad Alì insultando De La Hoya, ma il messicano commenta: «Sembrava più un chihuahua che un duro». Per uno sport divenuto povero come la boxe, questo incontro aveva una borsa di tutto rispetto: quarantacinque milioni di dollari. De La Hoya era allenato dal padre di Mayweather, che prima dell'incontro però rompe ogni rapporto. Non può allenare il suo pugile in un match contro suo figlio. E così De La Hoya cambia coach. Il combattimento è uno spettacolo. De La Hoya aggredisce, colpisce, ma Mayweather si difende e contrattacca. Ha la rabbia dell'ambizione, vuole dimostrare di essere il numero uno. De La Hoya sa già di essere il più grande, sembra non voler dimostrare più nulla. Combatte, ma ormai non pare più interessato alla vittoria. È come se tutto fosse già accaduto. E alla fine il *chico de oro* del pugilato mondiale è sconfitto da un pugile imbattuto. «Gli incontri li vince sempre chi deve dimostrare qualcosa a qualcuno, ma soprattutto a se stesso» mi dice De Camillis.

Clemente e Mirko andranno a Pechino colmi di carica. Porteranno stretti nei loro pugni tutta la rabbia di questa terra. Quando li fermano per strada a Marcianise, tutti domandano: «Quando partiamo per Pechino?». Non dicono "partite", ma "partiamo". Perché in queste imprese non si è più soli, ma si diviene la somma di tanti. Una somma che rafforza l'anima. E così a questi due pugili verrebbe da chiedere una cosa: ridate a queste terre quel che ci hanno tolto, dimostrate cosa significa nascere qui – la rabbia, la solitudine, il nulla ogni sera. Perché tutto questo è la materia di cui sono fatti Clemente e Mirko, materia che altrove non esiste uguale. La fame vera di diventare qualcuno, raggiungere un obiettivo, distinguerti dalla codardia e dalla piaggeria di coloro che ti sono intorno. Perché la vita la misuri in ogni caduta, perché combattere significa non fidarti di nessuno, sapere che qui tutto è sempre in salita, pararti sempre le spalle e ricordare sempre chi non ce l'ha fatta.

Però nella tua ambizione può raccogliersi l'aspirazione di un intero territorio, e porti nella tua sfida le speranze di molti, e i pugni che dai e ricevi sul ring smettono di essere gesti sportivi e divengono simboli. Divengono i cazzotti di un'intera generazione, i ganci e gli *uppercut* di chi non ne può più di stare sempre in salita e giorno dopo giorno mette da parte un nuovo strato di rabbia. E allora smetti di combattere solo per te stesso, per il tuo titolo, per i tuoi allenatori, per i soldi da portare a casa, per la fidanzata che vuoi sposarti. E combatti per tutti. Come De La Hoya ha sempre combattuto con tutti i *latinos* dentro i suoi pugni, come ha lottato Mohamed Alì con nel sangue il riscatto di tutti gli afro del mondo, o Jake La Motta con la furia che girava nel corpo degli italoamericani.

E allora a voi, Clemente e Mirko, carichi di questo significato inscritto nei vostri muscoli, col vostro sguardo, con la velocità dei vostri pugni e delle vostre gambe, col vostro coraggio che non vi ha fatto camminare rasente i muri, non resta che inchiodare all'angolo chi vi sfida e cercare di fare un'unica cosa: vincere.

L'uomo che era Donnie Brasco

Meglio vedersi tra la gente, diamo meno nell'occhio... Joe Pistone non è proprio tranquillo quando è in Italia, guarda le facce che gli sono attorno, tiene un tono di voce basso, è in uno stato di allarme, ma lo gestisce serenamente. Niente di nuovo per la sua vita. Aspetto fuori dal ristorante. Joe non si vede. Joe Pistone è una sorta di icona vivente, un agglomerato di leggenda che cammina, e sono abbastanza in ansia. In ansia di trovarmi dinanzi al suo talento. Un talento tragico, complesso.

Ciò che per me resta il mistero di Joe Pistone è la sua capacità di mimetizzarsi, di trasformarsi, di credere alla sua recita. O meglio: di dividere la propria anima in compartimenti stagni al punto da far emergere il peggio di sé non come qualcosa di esterno, ma come una sfaccettatura che ne è parte. Passano troppi minuti, provo a entrare. Joe è in un angolo. Spalle al muro. È seduto al tavolo, mangia olive e si sputa in mano i noccioli. Lo stavo aspettando fuori dal ristorante e lui era dentro da un pezzo. «Meglio aspettare seduti a mangiare che fuori in piedi, a meno che non vuoi giocare al bersaglio.»

Pistone mi saluta e mi guarda: «Difficile che un italiano si vesta male come te». Joe Pistone è Donnie Brasco, il personaggio divenuto celebre grazie al film di Mike Newell.

In realtà quel nome per molti anni era stato quanto di più segreto potesse esistere. Un nome noto soltanto tra gli affiliati del clan Bonanno e soprattutto all'Fbi. E nell'Fbi solo un gruppo ristretto sapeva che Donnie Brasco era il nome di copertura dell'agente infiltrato per sei lunghissimi anni nella famiglia più potente di New York.

Joe sembra il contrario di Johnny Depp, forse c'era persino più somiglianza fra Al Pacino e Lefty, il mafioso che fece entrare Donnie nel clan credendolo un commerciante di pietre preziose. Ma Joe è chiaro: «Il film è un film, la mia vita è la mia vita». Si inizia a discutere. «Sai» dice Joe, «a New York la mafia aveva grande potere nel settore delle costruzioni e nel settore dei rifiuti. Monopolizzava praticamente questi due mercati. Ci riusciva attraverso il controllo dei trasporti, dei sindacati e attraverso il rapporto con la politica. Ora questo – anche per i duri colpi della polizia – non c'è più o non è così forte la loro presenza. Ora tutto è cambiato. Le giovani generazioni vogliono tutto subito. E ci riescono con la droga, è così che si fanno i soldi veloci, no? La mia generazione, quando io mi sono infiltrato, trattava la droga, ovviamente, ma erano solo i boss a controllarla. La regola era: niente droga nel quartiere. La vendiamo ad Harlem. Ai neri. O ai ricchi figli della New York fighetta. Ma niente nelle nostre zone. Mentre alle nuove generazioni non importa, perché il denaro lo vogliono oggi, subito. Loro stessi ne fanno uso: in passato era impossibile in una famiglia mafiosa che il boss e i suoi più stretti collaboratori sniffassero coca. Per tutte queste ragioni c'è grande attrito tra le vecchie e le nuove leve. Una sorta di conflitto generazionale. I nuovi clan hanno perso il controllo sui sindacati, perché le nuove generazioni non hanno l'esperienza e la capacità diplomatica di corrompere i politici come invece sapevano fare i loro padri. Sarebbe un lavoro troppo lungo. E loro vivono nell'immediato. I giovani non hanno capacità politiche. Una volta persi i sindacati si è perso anche il controllo sul commercio del Paese. Perso il controllo dell'industria dei trasporti su ruote, che il commercio lo muove, non è più possibile controllare i prezzi.»

La cosa strana per Joe Pistone è il potere fortissimo che i cartelli italiani continuano ad avere in Italia e nel mondo. Tutte le mafie del mondo si ispirano come modello, logica, azione, investimento a quella italiana, anche se a New York gli italiani da anni hanno delegato ad albanesi, nigeriani, e soprattutto russi il controllo del territorio. Joe mi ha chiesto di portargli una copia americana di *Gomorra* e gira il libro cercando di nascondere la copertina, un ennesimo gesto di prudenza. E poi mi fa: «Ma tanto questa copertina americana in Italia non la conoscono, vero?».

Quando si è trovato a parlare davanti al Senato statunitense per riferire sulla sua attività di infiltrato, Pistone ha detto che i mafiosi quanto più si americanizzavano tanto più si allontanavano dalla mentalità mafiosa. Più gli Usa gli entravano nelle vene, meno divenivano affidabili. «Sai, negli Stati Uniti il clan Bonanno a un certo punto chiamò molti dalla Sicilia, era un modo di essere più sicuri. Il boss Carmine "Lilo" Galante all'epoca importò mafiosi siciliani negli States. Ebbe la preveggenza di capire quale direzione stavano prendendo i giovani italoamericani, che stavano perdendo la loro "cultura". La terza generazione si stava infatti ormai allontanando. Ecco perché portò direttamente in America la mafia siciliana che gli era più leale. Sapeva che i mafiosi siciliani avrebbero potuto andarsene in giro per l'America e ammazzare in libertà, perché una volta arrestati, nessuno avrebbe saputo chi erano. E poi erano più affidabili: niente droga, niente stravaganze. Disciplina e onore.»

Joe, nei sei anni in cui è stato infiltrato, ha visto strutturarsi l'intero organigramma del clan. «Col tempo i siciliani divennero molto potenti, tanto che oggi dentro ai Bonanno trovi due fazioni: siciliani e americani, che non si vedono di buon occhio. Gli americani erano gelosi dei siciliani importati dai Bonanno, e i siciliani giudicavano gli americani troppo soft. Perché gli americani non uccidevano poliziotti o politici, mentre in Sicilia non avevano di questi scrupoli. Successe infine che il boss Galante fu ammazzato. E agli americani toccò formare una stretta alleanza coi siciliani, cui vennero promesse posizioni di potere dentro la famiglia Bonanno.»

Ogni tanto mentre parlo mi dimentico di star dinanzi a Donnie Brasco. Ci lasciamo andare ai discorsi sui massimi sistemi criminali. Sino a quando gli dico: «Joe, sai che dalle mie parti sei un mito per ogni parte della barricata, per i carabinieri ma anche per i ragazzi di camorra? Donnie Brasco è Donnie Brasco perché ha le palle. Il resto vale zero in certe logiche». Joe ride e commenta: «*Forget about it!*», la mitica frase del film che tutti i gangster ripetono di continuo e che tutti i ragazzini dalle mie parti si ripetono imitando le espressioni di Al Pacino e Johnny Depp. L'hanno tradotta con "che te lo dico a fare". "La Porsche è una grande macchina, e che te lo dico a fare", "gli Yankees hanno un pessimo battitore, ma che te lo dico a fare", "Alicia Keys ha il più bel sedere del mondo, che te lo dico a fare". Un'espressione che conferma. Conferma tutto e il contrario di tutto.

Chiedo a Joe Pistone se quando era infiltrato ha mai ricevuto ordini di morte. E lui ripete ironicamente: «*Forget about it!*». Più volte fu mandato a uccidere delle persone, ma racconta di essere sempre riuscito a sottrarsi. «Mi sono stati assegnati dei "contratti". E ho dovuto dire di sì: non puoi rifiutare, altrimenti ti ammazzano. E lascia che ti dica questo: se si fosse trattato di scegliere tra me e un mafioso, sarebbe stato lui. L'avrei ucciso. Ma è una situazione in cui non mi sono mai trovato. Un giorno stavo con altri mafiosi al club dove ci si ritrovava. Arriva una telefonata e la persona al telefono mi dice che l'uomo che dovevo uccidere era a un certo indirizzo. Gli altri mi hanno detto: "Ok, ora andiamo a beccarlo". Ho capito che non potevo uscirne, perché se fossimo andati lì e io non l'avessi ucciso, mi avrebbero fatto fuori loro. Quindi capii che doveva morire. Ma quando stavamo per uscire arrivò un'altra telefonata, e mi dissero che quelle informazioni erano fasulle. Per cui non ci andammo. Ma sapevo che dovevo sempre tenere a mente ciò che ero disposto a fare per salvarmi la vita.»

Tenere a mente chi era. Questa la cosa più difficile. Tenerlo solo nella mente e non nel petto, nello stomaco. Dentro doveva essere Donnie Brasco, non Joe Pistone. Lontano per sei anni dalla famiglia, sei anni in cui se confessi a te stesso chi sei davvero commetti errori, sbagli, imprecisioni, ti rendi scrupoloso e morale. Il contrario di quanto occorre. Sei anni in cui devi prendere registrazioni, annotare facce, umori, comprendere cosa ti sta accadendo e cosa ti accadrà. Joe cerca di farlo avendo fede. Una fede nel destino – come dire: tutti prima o poi moriremo, quando sarà il mio turno non potrò farci niente, ma prima che questo momento arrivi, potrò fare di tutto per vivere. «Una volta, un tipo mi squadra: "Se non ci convinci di essere davvero un ladro di gioielli ti ritroveranno avvolto in un tappeto". Ho dovuto salvarmi con le parole, senza lasciar trapelare nessuna ansia, come dire: "Se vuoi farmi fuori fallo pure, io sono qui".»

«In un'altra occasione, un tipo mi accusò di aver rubato al clan dei soldi provenienti dalla droga. Per stabilire se era vero, convocarono delle riunioni. Se in quei casi ti prende il panico, ti portano a "fare un giro", ossia fuori città e poi ti regalano un proiettile alla nuca. Così invece di allontanarmi per evitare di fare il giro, io rimasi nei paraggi, esattamente fuori dalla porta dove si stavano riunendo. Aspettando che finissero, senza la minima paura. Tutto qui. Non c'è molto altro da fare.» Non riesco a capire come abbia fatto a fingere di non avere paura. Si può sorridere per finta, per finta essere allegri, per finta essere mafiosi, ma proprio non riesco a immaginare come si faccia per finta a non provare paura. La provi e la scacci? Impossibile comprenderlo, sono meccanismi che puoi soltanto vivere, o meglio, a cui puoi solo sopravvivere. Se sei fortunato. Gli dico così: «Ammiro questa tua capacità di aver tenuto separate le due vite. Secondo me è stato ciò che ti ha salvato l'anima». Joe mi guarda con aria malinconica e non vuole rispondere altro che «*thanks*».

Iniziamo a mangiare, e così i toni si abbassano. Il registratore si riempie di suoni di posate che graffiano i piatti, di bicchieri che tintinnano per brindisi scemi che facciamo alle cose più disparate, "alla vita", "in culo ai mafiosi", "all'Italia", "al Sud". Riusciamo a stemperare ogni ansia e tensione iniziale, pronuncio persino il nome di Donnie Brasco ad alta voce, senza che Joe faccia altro che lanciare un'occhiata alla sala del ristorante per vedere le reazioni. Nulla. Si può continuare a parlare, con tono normale. «Nel mio Paese» gli argomento, «far parte della mafia significa avere sex appeal, e avere un seguito di *groupies*.» Joe Pistone conferma l'universalità della cosa. «In America è uguale. Poi, quando sei nella mafia ed entri in un ristorante ti danno i posti migliori. Lo stesso anche quando entri in un negozio di abbigliamento. Le donne, quando sei un boss, te la danno sul braccio...» Usa sempre un'espressione che non conoscevo, *on the arm*, qualcosa di simile a "te la danno sull'unghia".

Mi chiedo se dopo anni passati in un certo modo, anche se difficili, quel tipo di vita possa mancarti, ma Joe è categorico: «No, non mi è mai mancata. Per me era solo un lavoro. Sono stato fortunato a crescere in un quartiere italiano dove la mafia era di casa: la conoscevo, e non mi affascinava. Non pensavo fosse niente di speciale». Nel film invece il rapporto tra Depp e Pacino è tutto incentrato su una sorta di nostalgia. Brasco sa che perderà l'affetto di Lefty: che forse Lefty, appena si scoprirà che Brasco è un agente, potrà essere ucciso. Ma non è andata così, nella realtà. «Quando girano un film, devono far sì che l'eroe mostri i suoi sentimenti. Se l'eroe dice alla polizia: "Fate quello che volete di questa feccia, uccideteli. A me non importa", allora gli sceneggiatori cambiano la scena perché al pubblico non piace. Ecco perché hanno voluto dare l'impressione che mi dispiacesse per la gente finita in galera o uccisa: per non dare l'impressione che il mio personaggio fosse senza cuore. Ma forse quando mi sono trasformato in Donnie Brasco sono diventato davvero senza cuore.»

Io che sono nato e cresciuto in un territorio dove molte persone a me care poi sono finite nei gangli della camorra, non sono mai riuscito a considerarle estranee agli affetti e alle emozioni perché sceglievano strade opposte alla mia. Non puoi costringere sempre il cuore a non voler bene a qualcuno perché vive facendo ciò che disprezzi e odi col cervello. Gli chiedo come ha fatto lui a non curarsi di questo rapporto naturale che nasce in certi territori e a denunciare coloro cui in fondo aveva voluto bene. Joe però è chiaro nel dire che non ha mai coinvolto nelle indagini persone che erano costrette a entrare in relazione con la mafia ma che non erano affiliate: «Ti capisco. Quando lavoravo sotto copertura per l'Fbi mi fu chiesto se avessi informazioni sulla gente del mio quartiere, gente che ho conosciuto crescendo. Gli ho detto no, perché ci ero vissuto. Alla fine è la stessa cosa nel Sud Italia come a New York».

In sei anni di copertura, Joe Pistone è riuscito a vedere le tre figlie che vivevano nel New Jersey, mentre lui operava a Manhattan, una volta ogni sei mesi. Una privazione enorme. «Quando tornavo e credevo di essere ancora un padre, scoprivo che non lo ero più. Che ero abituato a essere un uomo senza famiglia e che la mia famiglia non era più abituata a me. Ma ero convinto di agire in nome di una società migliore, per un Paese migliore, sapevo che alla fine le mie figlie avrebbero avuto un beneficio da quello che facevo. Era l'unico modo possibile di vedere le cose. E la mia famiglia ha capito.» Pistone ha fatto arrestare circa centocinquanta affiliati al clan Bonanno e su di lui c'è una taglia di cinquecentomila dollari mai ritirata, pronta a essere consegnata a chiunque faccia il piacere agli italoamericani mafiosi di Manhattan di eliminarlo. Ai processi molti killer del clan, suoi ex amici, dalla gabbia gli fecero il segno della pistola con la mano, puntandogli l'indice contro e mimando il suono dello sparo. Trovo il coraggio di ripetergli che non capisco come possa aver superato davvero la paura. Quando mi fu assegnata la scorta, il colonnello dei carabinieri Gaetano Maruccia mi disse citando Roosevelt: «L'unica cosa di cui avere paura è la paura stessa». Un modo per consigliarmi di continuare il mio lavoro, di farlo serenamente e non cadere nella trappola dei clan che vogliono metterti addosso un'ansia continua e così allontanarti da te stesso. «Condivido pienamente» dice Joe. «Non ho mai avuto davvero paura. Se ce l'hai, te la leggono in faccia. Ero sempre in allerta, sapevo sempre che se avessi fatto un errore potevo morire. E la paura ti fa fare errori.»

Certo, mi dico, ma dopo? Dopo che il lavoro sotto copertura è finito? Come fai a vivere serenamente? Non puoi continuare per decenni a non avere paura della paura, o no? «La mafia, abbiamo le prove, ha mandato gente proveniente da ogni angolo degli Stati Uniti per farmi fuori. In fondo dopo non era diverso da quando ero infiltrato: perché nella mia mente stavo facendo la stessa cosa. Facevo ciò che era giusto. E siccome era giusto, non c'era motivo di aver paura. Perché ero uno dei buoni. E fermarmi a pensare: cos'è il peggio che possono farmi? Uccidermi? Non la vedevo una cosa così grave.»

Joe in fondo è un uomo semplice. In pace con se stesso. Ha sempre tenuto in mente che il suo era un lavoro, che lui era nel giusto, e che avrebbe fatto tutto il possibile per fare bene il suo lavoro. Non si è mai considerato né un eroe né un infame. Ma la famiglia, quel che ha dovuto sopportare la famiglia, non può essergli passato facilmente sulla coscienza. «Quello è stato il momento più duro per la mia vita. Quando la taglia sulla mia testa è stata estesa alla mia famiglia, e i miei familiari hanno dovuto farsi nuove identità, e trasferirsi altrove. Sì, mi sono sentito in colpa, perché non è una vita normale. Mai. Quando incontri nuova gente non puoi fare alcuna conversazione che riguardi il tuo passato, chi eri, cosa hai fatto. È dura per la famiglia. E questa situazione ha messo più costrizioni a loro che a me. Anche perché io so prendermi cura di me stesso.» Gli chiedo se abbia cercato di salvaguardare la sua memoria. «La prima cosa che ho fatto è stata quella di lasciare a qualcuno il racconto della mia verità, così che se mi fosse successo qualcosa, ci sarebbe stata una persona in grado di restituirla. C'era un agente dell'Fbi cui avevo raccontato tutto. Era un mio amico. Ero amico anche del giudice Falcone.»

Poi è Joe che inizia a farmi le domande. Dice che fatica a immaginarsi una lotta antimafia con speranze di vincere in Italia. Si rende conto che oggi da noi la mafia è ancora più potente di quella che lui ha conosciuto ai tempi in cui era Donnie Brasco, quando i clan americani avevano agganci politici e controllavano oltre alla droga anche i trasporti, il business dei rifiuti e l'edilizia, tutte le ramificazioni che hanno continuato a coltivare e rafforzare qui. I boss italiani sono titolari di imprese, molti capizona hanno la laurea, i loro profili sono molto alti. È quasi sconvolto da questa ferocia borghese delle organizzazioni italiane. «Sai, i mafiosi americani sono gangster, sono considerati gangster e loro stessi si vedono come tali: partono dalla strada, come criminali comuni, e poi salgono i gradini dell'organizzazione. Solo nei classici del cinema li vedi fare la parte del businessman. Si sentono fuori dalla società "normale", una casta a parte. Qui invece so che ci sono dottori e avvocati che ne fanno parte.» Joe ha tentato di smontare il mito mafioso nelle sue relazioni di quando era Donnie Brasco. «Da noi gran parte dei mafiosi non si costruisce ville e palazzi. La loro vanità si concentra sui vestiti, sulle macchine, sulle donne che frequentano. Non era difficile smontarli, non sono come i boss italiani che costruiscono la loro leggenda. Solo Gotti ha fatto così negli Usa.» Detta da Joe, la cosa impressiona. Mi chiedo fino a che punto la mafia italoamericana sia stata attaccabile anche perché non ha mai sovrapposto la realtà al cinema, mentre la nostra ha seguito Hollywood, non solo facendosi costruire ville identiche, ma soprattutto volendo realizzare quei sogni di grandezza e di potere. E ci è riuscita. Non è possibile mentre si discute di questo non parlare dei *Soprano*, il telefilm che sembra aver cambiato il corso della storia televisiva e dell'immagine mafiosa negli Usa e in mezza Europa.

«In America la mafia la conoscono solo nelle città più grandi, come Chicago e Detroit, perché le attività mafiose si concentrano nelle aree industrializzate. In altre aree degli Stati Uniti – come nel Sud – l'influenza mafiosa non c'è, perché non c'è l'industria. Quindi possiamo dire che la ragione del suo grande successo da noi è che la gente era affascinata da qualcosa che spesso non conosceva, e dalla possibilità di vedere in tv il lato "buono" della famiglia mafiosa, per quanto violenta e corrotta, che nessun'altra trasmissione aveva mai fatto vedere. A me piacciono i *Soprano*, ma gli italoamericani si arrabbiano troppo, negli Usa ci sono organizzazioni nate apposta per tutelare l'immagine degli italoamericani. Può sembrare paradossale, ma negli Stati Uniti è molto comune, quando qualcuno ti incontra e scopre che sei italiano, sentirsi fare commenti tipo "allora sei membro della mafia". Questo non lo sopporto.»

Gli racconto un episodio che lo riguarda: «Una volta un boss napoletano ha detto che Joe Pistone era diventato Donnie Brasco facendo fessi i Bonanno perché non aveva la faccia da mafioso, bensì da vero uomo. Invece gli amici dicevano, per prendermi in giro, che per me non c'erano speranze, con la faccia che mi ritrovo». Joe ride: «Penso che a cose fatte è buffo che i boss sentano di dover ricorrere a queste scuse per giustificarsi. Li ho fregati e basta. Non ci sono scuse».

Fregati e basta. Non per la faccia, ma per le altre qualità di cui mi accorgo mano a mano che la serata si rilassa e Joe Pistone continua a riempirsi il bicchiere. Joe sa squadrare le persone che ha davanti, le pesa con lo sguardo, ti vede i dettagli, sembra quasi che possa comprendere quando ti sei tagliato l'ultima volta le unghie e se nel portafogli porti dei santini. Mi guarda, mi chiede della piastrina militare che porto al collo: «Dei paracadutisti vero?». Poi vuole sapere: «Come mai indossi quei tre anelli?». Cerco di spiegargli che è una vecchia usanza delle mie parti, che li porto più per tradizione che per credenza. Tre come Padre, Figlio e Spirito Santo. «Bello» mi dice. Anche a Joe piacciono i simboli da portare addosso. Lui mi mostra il *Claddagh Ring*, un simbolo irlandese di amicizia e amore, un anello che condivide con la moglie. Sono sempre i dettagli che ti mostrano quanto la realtà sia superiore alla fantasia e fanno intuire quanto sia più grande di Johnny Depp questo signore ormai attempato, rubizzo e con la pancia. Come questa fede celtica, qualcosa che non c'entra nulla con Donnie Brasco e con tutto l'immaginario italoamericano, scelta per testimoniare il legame con la donna che gli è rimasta accanto tutta la vita, nonostante tutto.

Joe Pistone si alza. Abbiamo finito. Mi abbraccia fortissimo, raccogliendo le mie spalle nelle sue braccia, poi tira fuori una macchina fotografica. Io e Pistone sembriamo una coppia di turisti alticci. Anzi, uno zio d'America che è venuto a trovare il nipote. Non ci curiamo più di non dare nell'occhio, ci alziamo nella sala del ristorante e iniziamo con i flash per scattare foto ricordo, di quelle orribili, ma capaci di fissare un momento troppo importante per badare alla bellezza delle immagini. Un clima strano, divertito, sereno. Joe indossa cappello e cappotto e se ne va. Ci riabbracciamo e mi dice, guardandomi negli occhi: «Continuate, qui in Italia, c'è tutto da fare, siamo all'inizio». Continuiamo. Promesso, Donnie, promesso, Joe.

Siani, cronista vero

Il 23 settembre 1985 venne ammazzato sotto casa sua, al Vomero, Giancarlo Siani, giovane cronista del "Mattino" che aveva raccontato, con estrema cura e abilità, le guerre tra i clan camorristici. Giancarlo Siani venne ucciso in una Napoli profondamente diversa da quella apparentemente pacificata di oggi, trecento morti ammazzati l'anno la rendevano una città in perenne guerra.

Il movente preciso del suo assassinio per molti rimane un mistero. Non convince la verità processuale, o almeno non convince tutti. Quell'articolo di quattromila battute firmato da Siani e pubblicato sul "Mattino" il 10 giugno del 1985 aveva generato grandi fastidi nel clan Nuvoletta. Il giovane cronista aveva osato insinuare che l'arresto di Valentino Gionta, boss di Torre Annunziata, avvenuto a Marano, fosse il prezzo pagato dai Nuvoletta per evitare una insostenibile guerra di camorra con il clan di Bardellino. I Nuvoletta, decisi a disfarsi del loro scomodo affiliato Valentino Gionta che aveva invaso con i propri affari i territori di Bardellino, preferirono venderlo ai carabinieri piuttosto che ucciderlo. L'essere scoperti e denunciati come infami in un articolo sul "Mattino" infastidì il clan di Marano e per suo tramite anche il suo più potente alleato Totò Riina, capo della mafia vincente di Corleone. I Nuvoletta decretarono la morte di Siani per dimostrare al clan Gionta la menzogna della sua ipotesi (in realtà verissima).

Per molti altri osservatori invece quell'articolo non basta a spiegare la condanna a morte, ma piuttosto bisogna dirigere l'attenzione verso le ricerche che Giancarlo Siani stava facendo sulla ricostruzione del dopo terremoto, il grande business degli appalti che aveva rimpinguato le tasche di dirigenti politici, imprenditori e soprattutto camorristi. Siani aveva raccolto materiale prezioso con nomi e situazioni per farne un libro che non vedrà mai la luce e le cui bozze non verranno mai ritrovate.

Il movente unico che accomuna le diverse ipotesi è però certo: Siani fu ucciso per quello che scriveva. Questo giovane corrispondente riusciva nei ristretti spazi che gli venivano concessi a ricostruire gli scenari di camorra, gli equilibri di potere, evitando di arenarsi sul mero dato di cronaca. Giancarlo Siani apriva nuove ipotesi di senso attraverso gli elementi che scovava sul campo o gli venivano forniti dai fatti. Il suo era un giornalismo fondato sull'analisi della camorra come fenomenologia di potere e non come fenomeno criminale. In tal senso la congettura, l'ipotesi, divenivano nei suoi articoli strumenti per comprendere gli intrecci tra camorra, imprenditoria e politica.

Riflettere sul caso Siani non deve essere solo un modo per commemorare il suo sacrificio e ricordare la sua breve vita, deve divenire un necessario momento per considerare lo stato attuale del giornalismo d'inchiesta che sembra ormai defunto. La morte del giornalismo d'inchiesta diventa una garanzia di silenzio sui complicatissimi affari economici della camorra. Questa morte è celebrata dalla greve cappa di silenzio calata definitivamente sull'irrisolta questione dei rapporti tra Dc, Psi e Nuova Famiglia, il cartello camorristico che negli anni '80 e '90 riuniva tutte le famiglie campane e che Hobsbawm definì la più grande holding imprenditoriale d'Europa. Dopo rinvii a giudizio, sentenze e appelli, le inchieste giudiziarie si sono arenate e con loro anche quelle giornalistiche. Eppure il pentito Pasquale Galasso aveva iniziato con efficacia a raccontare meccanismi e operazioni economiche, investimenti e rapporti clientelari che stavano mostrando le dettagliate logiche e le precise dinamiche con cui il potere democristiano aveva gestito lo Stato.

L'omicidio Siani avveniva vent'anni fa, eppure a guardare l'orizzonte attuale sembra passato un giorno. La Napoli dei centurioni scudocrociati che Siani osservava e denunciava non sembra essere mai stata sconfitta: Antonio Gava, Paolo Cirino Pomicino, Alfredo Vito, Aldo Boffa continuano a rappresentare poteri politici ed economici ancora forti e per giunta formalmente immacolati. La camorra d'altro canto non è morta. La sua egemonia è fortissima e totale. I clan campani gestiscono, sommando i profitti di ogni attività legale e illegale, oltre dieci miliardi di euro annui, un patrimonio astronomico che si innesta nel tessuto dell'economia legale europea e mondiale. In tal senso sembra assurdo parlare ancora di criminalità organizzata. Sarebbe cosa più assennata definire i clan una vera e propria imprenditoria capace di accedere al mercato "pulito" con un preziosissimo plusvalore garantito dalla protezione militare, dall'accesso a mercati clandestini e sempreverdi come l'usura e la droga.

Mai come in questa fase ci sarebbe bisogno di un giornalismo d'inchiesta capace di districare il ginepraio di investimenti che vede i clan camorristici tramutarsi in prestigiose aziende, controllare i trasporti, imporre prezzi e prodotti – come nel caso Parmalat, dove l'alleanza con la camorra ha consentito al gruppo emiliano di ottenere un monopolio nella distribuzione del latte –, e ovviamente mutarsi in grandi fucine di voto e di potere politico. I giornali locali sono le uniche testate che danno informazione sulla camorra, mutandosi però in bollettini di morte e di faide in un flusso di cronaca senza volontà di approfondimento e denuncia. La figura del giornalista d'inchiesta dovrebbe porsi come intermediario tra la verità giuridica e la verità storica. Due piani assai diversi e sovente non sovrapponibili. Proprio l'infinita costruzione e decostruzione degli elementi, dei fatti, delle ipotesi rappresenta il compito del giornalista che si occupa di camorra.

Giancarlo Siani fu ucciso a ventisei anni, in una serata ancora estiva di settembre, mentre tornava a casa pieno di vita con la sua Méhari da una giornata allegra. La sua giovane biografia, la foto di quel corpo smilzo e occhialuto piegato dai colpi di pistola mostrano quanto fragile fosse quel ragazzo le cui vere parole avevano fatto tremare i capi di potentissime organizzazioni. È proprio in nome della infinita forza della denuncia unita a una terribile fragilità della persona che bisognerà rintracciare le coordinate per far rinascere un nuovo giornalismo d'inchiesta diffuso ed efficace al punto da non costringere a un'eroica e solitaria battaglia i pochi e inascoltati inviati di provincia.

Il guardiano del faro

Mi sveglia una telefonata della direttrice dell'"Espresso" che mi annuncia la morte di Enzo Biagi, resto nel letto a fissare il soffitto per molto tempo. Mi dicevano che stava male, ma non mi ero preoccupato: Biagi l'avevo visto negli ultimi anni resistere a ogni commento sulla sua vecchiaia e a chi lo dava già al margine della serafica senilità che ti imbambola e stordisce. Credevo che anche questa volta ce l'avrebbe fatta a scacciare le ali nere dei corvi su di lui. Non è stato così.

Biagi nel ricordo degli addetti ai lavori è un'immagine che sfuma tra editoriali e trasmissioni, architrave della comunicazione democratica italiana. Però non credo di essere in grado di confrontarmi con la sua vita e con quello che ha significato per l'informazione di questo Paese. Anzi, ne sono incapace.

Per me, e credo di poter dire per la mia generazione, è qualcosa di stranamente nuovo e rinnovato. E che un anziano signore elegantemente immobile dietro la scrivania divenisse riferimento di qualcosa di nuovo risulta strano. Bizzarro. Del tutto lontano da ciò che fu da giovane, direttore severo, cronista velenoso e trasversale, lontano dai suoi rapporti con la Dc e con il Pci, per me nulla di tutto questo era Enzo Biagi. Biagi e la sua generazione portano un sapore diverso dalle barbe sessantottine e settantaset-tine. Libri diversi, niente Mao, assoluta assenza delle de-rive leniniste.

Con Enzo Biagi si parlava spesso di Corrado Alvaro, lo scrittore calabrese che amava moltissimo, e che considera-va "un raccontatore d'Italia capace di far specchiare l'Italia nell'Aspromonte e riconoscersi". Biagi per me ha sempre significato altro dagli uomini della generazione di mio pa-dre. Uomini che ieri profetizzavano capovolgimenti epoca-li e oggi predicano l'impossibilità di mutare. Biagi aveva la qualità di affrontare il frammento del quotidiano. Il proble-ma punto per punto. Senza precipitarsi alla soluzione ma avanzando per ogni passaggio e svolgimento. Quello che le persone volevano ascoltare era ciò di cui lui voleva oc-cuparsi. Essere necessario a chi non ha tempo da perdere. Il pensiero del quotidiano, tasse, terrorismo, scuola, malattie, fino a connetterle a macroquestioni. Far capire, diffondere, divulgare ma anche disciplinare e controllare.

Non ho mai visto Biagi come un cane da guardia del-la democrazia quanto piuttosto come uno che non ha mai abbandonato la sua vocazione di guardiano del faro della democrazia. Un guardiano del faro, come Maqroll, il gab-biere descritto da Alvaro Mutis, intento a garantire l'illu-minazione affinché si possa entrare serenamente in porto, piuttosto che a guidare le navi, piuttosto che indicargli le rotte, ne illuminava il punto d'arrivo. Affinché tutti potes-sero scegliere in libertà. Questo il talento di Biagi, e la sua maggior autorevolezza. Parlare ai molti come se fossero nella sua stanza, tutti degni di invito. E mai per un attimo snobbare o cedere allo snobismo del telespettatore da trat-tare come scimmia nuda davanti allo schermo.

L'ultima soglia della resistenza in cui Biagi ha creduto è fare bene le cose. La massima di Elio Petri piaceva ad Enzo Biagi. Era in grado di raccontare l'Italia attraverso la chia-rezza del dato. Cosa rara soprattutto per un editorialista che odiava l'editoriale come mero commento individuale. Due fatti uno di faccia all'altro, due idee, due visioni. Il fastidio per le certezze ideologiche, per il bene e il male, per l'ateismo sfrontato e per il cattolicesimo che si fa ortodossia, per la politica urlata, per gli intrallazzi silenziosi. Un modo di opporsi proponendosi di fare il contrario di ciò che detestava come contraddizione. Se si odia il cachinno dei politicanti si cercherà la parola autorevole, se si detesta l'approssimazione si afferrerà l'esattezza. Un modo semplice di vivere. Essere diverso da ciò che non si vuole essere. Non cercare di piacere a tutti e individuare ciò per cui vale la pena prendere posizione. E prendere decisioni forti è stata per Biagi una scelta di riguardo verso la fiducia di chi l'ha ascoltato e solo in un secondo momento verso la propria coscienza. Non trattare il proprio spazio di comunicazione come una reggia dove porte su porte si aprono ai diversi poteri politici facendo divenire opinionisti soubrette e strateghi di approfondimento e portaborse esperti di moduli 740.

Quando era rientrato in tv, Enzo Biagi mi aveva chiamato. Lì mi accorsi che ci sono dei momenti in cui hai l'impressione di attraversare il tempo diversamente, come se secondi e minuti si unissero in una specie di coltre, costringendoti a comprendere che ogni attimo ti resterà tracciato nella memoria. Vivere il ritorno televisivo di Enzo Biagi è uno di quei momenti.

Andai a casa sua, mangiammo insieme. Biagi mi raccontava di episodi vissuti a Napoli, nel dopoguerra. Mi raccontava di strade dove avevo abitato per anni, ma che nel suo ricordo erano sventrate, buie, eppure riuscivamo a capirci viaggiando nelle cartografie di due secoli diversi. Discutemmo sullo stato delle cose, una sorta di ricognizione degli elementi del disastro. Su una politica che non ha la geometria della buona amministrazione né l'energia di muovere grandi passioni. Su un Paese spaccato in due, dove Nord e

Sud non comunicano, dove tutto possiede un'unica dimensione del racconto, dove sempre meno si conosce ciò che accade e tutta l'attenzione è rapita dal ginepraio della politica, discutemmo di un Paese dove «il pensiero di un parlamentare rischia di avere un'attenzione maggiore rispetto a quello che accade, e il pubblico conosce le sue tristi parole e non ciò che sta accadendo al Paese». Biagi mi raccontò di quando era andato al matrimonio di Giovanni Falcone: «Fino alla fine hanno diffidato di lui, solo con la sua morte è riuscito a dare giustizia al suo lavoro. Che la sua strada era la strada giusta per modificare il mortale rapporto tra Cosa Nostra e politica solo dopo la morte tutti l'hanno compreso. Un Paese che riconosce queste cose solo dopo il sacrificio è un Paese malato».

Quando una voce ci chiama al trucco, ci passano sul viso una specie di ovatta imbevuta di qualcosa. Loris Mazzetti lo chiama mentre accompagnato dalla figlia Bice sta per andare a sedersi sulla poltroncina della trasmissione. Si guardano: «Enzo, cinque anni, Enzo, cinque anni. Ora torniamo». Biagi si commuove, Mazzetti sembra stringere i denti. È come scoccata un'ora, un momento in cui il veto viene a cadere, aver resistito sembra essere stato il comportamento più corretto, una forza che viene da lontano, che ha i muscoli allenati già a superare velenosi pantani, il fascismo, le Br, la Democrazia cristiana, il Pci, Tangentopoli.

Nello studio, Biagi mi sorride e sibila: «Senza il Sud questo Paese sarebbe un Paese mutilato, povero. Non sopporto chi blatera contro il Sud» come una persona che invita a guardare dove le cose contano. L'assenza di Biagi sarà complesso superarla, è come se un matematico perdesse una formula di prova, un modello per risolvere un'equazione.

Biagi era così. Anche nel silenzio, si rifletteva su cosa avrebbe detto e pensato, in quale mossa da giaguaro della parola si sarebbe rigirato per smontare le contraddizioni delle parole altrui. Era un confronto.

«Dobbiamo rivederci presto» mi disse, «parlare di molte cose, sono molte le cose che non vanno ma credo ci sia ancora spazio per cambiare.»

«Certo, ci vedremo presto Enzo» gli risposi.

Sapevamo entrambi che non ci saremmo mai più rivisti. Addio, Enzo, che la terra ti sia lieve.

Nel nome della legge
e della figlia

Da italiano sento solo la necessità di sperare che il mio Paese chieda scusa a Beppino Englaro. Scusa perché si è dimostrato, agli occhi del mondo, un Paese crudele, incapace di capire la sofferenza di un uomo e di una donna malata. Scusa perché si è messo a urlare, e accusare, facendo il tifo per una parte o per l'altra, senza che vi fossero parti da difendere.

Qui non si tratta di essere per la vita o per la morte. Non è così. Beppino Englaro non tifava certo per la morte di Eluana, persino il suo sguardo porta i tratti del dolore di un padre che ha perso ogni speranza di felicità – e persino di bellezza – a causa della sofferenza di sua figlia. Beppino andava e va assolutamente rispettato come uomo e come cittadino anche e soprattutto se non si condividono le sue idee. Perché si è rivolto alle istituzioni e, combattendo all'interno delle istituzioni e con le istituzioni, ha solo chiesto che la sentenza della Suprema Corte venisse rispettata.

Mi sono domandato perché Beppino Englaro, come qualcuno del resto gli aveva suggerito, non avesse ritenuto opportuno risolvere tutto "all'italiana". Molti negli ospedali sussurrano: «Perché farne una battaglia simbolica? La portava in Olanda e tutto si risolveva». Altri ancora consigliavano il solito metodo silenzioso, due carte da cento euro a un'infermiera esperta e tutto si risolveva subito e in silenzio.

Come nel film *Le invasioni barbariche*, dove un professore canadese ormai malato terminale e in preda a feroci dolori si raccoglie con amici e familiari in una casa su un lago e grazie al sostegno economico del figlio e a una brava infermiera pratica clandestinamente l'eutanasia.

Mi chiedo perché e con quale spirito abbia potuto accettare tutto questo clamore. Perché non abbia preso esempio da chi silenziosamente emigra alla ricerca della felicità, sempre che le proprie finanze glielo permettano. Alla ricerca di tecniche di fecondazione in Italia proibite o alla ricerca di una fine dignitosa. Con l'amara consapevolezza che oramai non si emigra dall'Italia solo per trovare lavoro, ma anche per nascere e per morire. Nella vicenda Englaro sono tornate sotto veste nuova quelle formule lontane e polverose che ci ripetevamo all'università durante le lezioni di filosofia.

Il principio kantiano "agisci solo secondo quella massima che tu puoi volere, al tempo stesso, che divenga una legge universale" si fa carne e sudore. E forse solo in questa circostanza riesci a spiegarti la storia di Socrate e capisci solo ora, dopo averla ascoltata migliaia di volte, perché ha bevuto la cicuta e non è scappato. Tutto questo è tornato attuale e risulta evidente che quel voler restare sino alla fine, quella via di fuga ignorata, anzi aborrita, è molto più di una campagna a favore di una singola morte dignitosa, è una battaglia in difesa della vita di tutti.

Senza dubbio chi non condivide la posizione di Beppino aveva il diritto e, imposto dalla propria coscienza, il dovere di manifestare la contrarietà a interrompere un'alimentazione e un'idratazione che per anni sono avvenute attraverso un sondino. Ma la battaglia doveva essere fatta sulla coscienza e non cercando in ogni modo di interferire con

118

una decisione sulla quale la magistratura si stava interrogando da tempo.

Beppino ha chiesto alla legge e la legge, dopo anni di appelli e ricorsi, gli ha confermato che ciò che chiedeva era un suo diritto. È bastato questo per innescare rabbia e odio nei suoi confronti? Ma la carità cristiana, è quella che lo fa chiamare assassino? Dalla storia cristiana ho imparato a riconoscere il dolore altrui prima d'ogni cosa. E a capirlo e sentirlo nella mia carne. E invece qualcuno che nulla sa del dolore per una figlia immobile in un letto paragona Beppino al conte Ugolino che per fame divora i propri figli? E osano dire queste porcherie in nome di un credo religioso. Ma non è così. Io conosco una Chiesa che è l'unica a operare nei territori più difficili, vicina alle situazioni più disperate, l'unica che dà dignità di vita ai migranti, a chi è ignorato dalle istituzioni, a chi non riesce a galleggiare in questa crisi. Unica nel dare cibo e nell'essere presente verso chi da nessuno troverebbe ascolto. I padri comboniani e la comunità di Sant'Egidio, il cardinale Crescenzio Sepe e il cardinale Carlo Maria Martini, sono ordini, associazioni, personalità cristiane fondamentali per la sopravvivenza della dignità nel nostro Paese.

Conosco questa storia cristiana. Non quella dell'accusa a un padre inerme che dalla sua ha solo l'arma del diritto. Beppino per rispetto a sua figlia ha diffuso foto di Eluana sorridente e bellissima, proprio per ricordarla in vita, ma poteva mostrare il viso deformato – smunto? Gonfio? –, le orecchie divenute callose e la bava che cola, un corpo senza espressione e senza capelli. Ma non voleva vincere con la forza del ricatto dell'immagine, gli bastava la forza di quel diritto che permette all'essere umano, in quanto tale, di poter decidere del proprio destino. A chi pretende di crearsi credito con la Chiesa ostentando vicinanza a Eluana chiedo: dov'era quando la Chiesa tuonava contro la guerra in Iraq? E dov'è quando la Chiesa chiede umanità e rispetto per i migranti stipati tra Lampedusa e gli abissi del Mediterraneo? Dove, quando la Chiesa in certi territori, unica voce di resistenza, pretende un intervento decisivo per il Sud e contro le mafie?

Sarebbe bello poter chiedere ai cristiani di tutta Italia di non credere a chi si sente soltanto di speculare su dibattiti dove non si deve dimostrare nulla nei fatti, ma solo parteggiare. Quello che in questi giorni è mancato, come sempre, è stata la capacità di percepire il dolore. Il dolore di un padre. Il dolore di una famiglia. Il "dolore" di una donna immobile da anni e in una condizione irreversibile, che aveva lasciato a suo padre una volontà. E persone che neanche la conoscevano e che non conoscono Beppino, ora, quella volontà mettono in dubbio.

Poco o nullo è stato il rispetto del diritto. Anche quando questo diritto non lo si considera condiviso dalla propria morale, proprio perché è un diritto lo si può esercitare o no. È questa l'essenza della democrazia. Capisco la volontà di spingere le persone o di cercare di convincerle a non usufruire di quel diritto, ma non a negare il diritto stesso. Lo spettacolo che di sé ha dato l'Italia nel mondo è quello di un Paese che ha speculato sull'ennesima tragedia.

Molti politici hanno, ancora una volta, usato il caso Englaro per cercare di aggregare consenso e distrarre l'opinione pubblica, in un Paese che è messo in ginocchio dalla crisi, e dove la crisi sta permettendo ai capitali criminali di divorare le banche, dove gli stipendi sono bloccati e non sembra esserci soluzione. Ma questa è un'altra storia. E proprio in un momento di crisi, di frasi scontate, di poco rispetto, Beppino Englaro ha avuto la forza di non agire in silenzio trovando scorciatoie illegali con le quali a lui sarebbe rimasto forse solo il suo dolore. Rivolgendosi al diritto, combattendo all'interno delle istituzioni e con le istituzioni, chiedendo che la sentenza della Suprema Corte fosse rispettata, ha fatto sì, invece, che il dolore per una figlia in coma da diciassette anni smettesse di essere un dolore privato e diventasse anche il mio, il nostro dolore. Ha fatto riscoprire una delle meraviglie dimenticate del principio democratico, l'empatia. Quando il dolore di uno è il dolore di tutti. E così il diritto di uno diviene il diritto di tutti.

Felicia

Per vent'anni. Per vent'anni, che è un tempo che se si chiudono gli occhi non si riesce neanche lontanamente a delineare. Per vent'anni Felicia ha cercato di lottare affinché la memoria di suo figlio non fosse cancellata e l'assenza di una sentenza di condanna non risucchiasse in un gorgo senza ricordo il senso di quello che suo figlio aveva fatto e tentato di fare. Peppino è stato per anni definito da certa stampa e da certi politici nient'altro che un mezzo terrorista morto mentre stava mettendo una bomba su un binario. La messinscena che i mafiosi di Badalamenti architettarono per non aver problemi proprio nel loro paese riuscì per ventiquattro lunghissimi anni.

La fragile Felicia ogni giorno continuava assieme a suo figlio Giovanni a guardare in volto le persone di Cinisi, i carabinieri, gli uomini di Cosa Nostra. Per vent'anni ha atteso che emergesse un frammento di verità e che Tano Badalamenti, il boss di Cosa Nostra che aveva ucciso suo figlio, fosse finalmente condannato. Felicia Bartolotta ha vissuto per vent'anni con l'assassino di suo figlio che spadroneggiava a Cinisi di ritorno dai suoi viaggi negli Usa, con Badalamenti che prima di venir sconfitto dai Corleonesi di Riina e Provenzano era l'incontrastato sovrano degli affari di Cosa Nostra.

In una bella intervista di qualche anno fa, avevano fatto a Felicia la solita domanda. Una domanda che fanno sempre ai meridionali. Una domanda screanzata ma ormai considerata normale quando si interloquisce con un uomo o una donna del Sud. «Perché non si trasferisce?» Lei aveva risposto con il suo solito resistere apparentemente ingenuo: «Io non mi posso trasferire in un altro paese, prima di tutto perché ho tutto qua: la casa qua, mio figlio ha il lavoro qua e poi devo difendere mio figlio». E l'ha difeso davvero. All'udienza in tribunale la piccola Felicia puntò il dito contro Badalamenti, lo fissò negli occhi e lo accusò di essere l'assassino di suo figlio, di averlo non solo ucciso ma dilaniato, di essere stato non solo un mafioso ma una belva. Badalamenti restò immobile, a lui al quale neanche Andreotti osò mai imporre parola sembrava impossibile essere accusato da quella vecchietta. Felicia se l'è portato dentro quel figlio, sino a quando dopo ventiquattro anni una sentenza e un film di successo, *I cento passi*, hanno dato finalmente memoria e verità a un ragazzo che non andò via dal paese e che volle schierarsi contro Cosa Nostra, svelandone le dinamiche attraverso la voce della sua piccola Radio Aut e pochi fogli ciclostilati. Una battaglia continua e solitaria da fare immediatamente "prima di non accorgersi più di niente".

Inviavo a Felicia gli articoli sulla camorra che scrivevo, così, come per una sorta di filo che sentivo da lontano legarmi alla battaglia di Peppino Impastato. Un pomeriggio, in pieno agosto mi arrivò una telefonata: «Robberto? Sono la signora Impastato!». A stento risposi, ero imbarazzatissimo, ma lei continuò: «Non dobbiamo dirci niente, ti dico solo due cose, una da madre e una da donna. Quella da madre è "stai attento", quella da donna è "stai attento e continua"».

Molti ragazzi oggi si sono radunati fuori casa di Felicia a omaggiare questa signora che sino alla fine ha combattuto con un fuoco perenne contro ogni certezza di sconfitta. Ma Cinisi è assente, niente sindaco, niente presidente della Regione, niente di niente. Meglio così. I sorrisi dei ragazzi venuti da tutte le parti della Sicilia sono assai migliori. I padroni di sempre però sono tornati e continuano a comandare. Ma lei è lì. Il suo corpo è sereno. La verità è emersa, i ragazzi conoscono Peppino, sanno chi è stato, conoscono la strada che lui ha tracciato. La possono seguire. Ora poteva morire tranquilla. Addio Felicia.

BUSINESS

La magnifica merce

Non esiste nulla al mondo che possa competere. Niente in grado di raggiungere la stessa velocità di profitto. Nulla che possa garantire la stessa distribuzione immediata, lo stesso approvvigionamento continuo. Nessun prodotto, nessuna idea, nessuna merce che possa avere un mercato in crescita esponenziale da oltre vent'anni, talmente vasto da permettere di accogliere senza limite nuovi investitori e agenti del commercio e della distribuzione.

Niente di così desiderato e desiderabile. Nulla sulla crosta terrestre ha permesso un tale equilibrio tra domanda e offerta. La prima è in crescita perenne, la seconda in costante lievitazione: trasversale a generazioni, classi sociali, culture. Con multiformi richieste e sempre diverse esigenze di qualità e di gusto. È la cocaina il vero miracolo del capitalismo contemporaneo, in grado di superarne qualsiasi contraddizione. I rapaci la chiamano petrolio bianco. I rapaci, ovvero i gruppi mafiosi nigeriani di Lagos e Benin City divenuti interlocutori fondamentali per il traffico di coca in Europa e in America, al punto tale che negli Usa sono presenti con una rete criminale paragonabile soltanto, come racconta la rivista "Foreign Policy", a quella italoamericana. Se si decidesse di parlare per immagini, la coca apparirebbe come il mantice di ogni costruzione, il vero sangue dei flussi commerciali, la linfa vitale dell'economia, la polvere leggendaria posata sulle ali di farfalla di qualsiasi grande operazione finanziaria. L'Italia è il Paese dove i grandi interessi del traffico di cocaina si organizzano e si consolidano in macrostrutture che ne fanno uno snodo centrale per lo scambio internazionale e per la gestione dei capitali d'investimento. L'azienda-coca è senza dubbio alcuno il business più redditizio d'Italia. La prima impresa italiana, l'azienda con maggiori rapporti internazionali. Può contare su un aumento del venti per cento annuo di consumatori, incrementi impensabili per qualsiasi altro prodotto. Solo con la coca i clan fatturano sessanta volte la Fiat e cento volte Benetton. Calabria e Campania forniscono i più grandi mediatori mondiali nel traffico di coca, in Campania sono avvenuti i maggiori sequestri d'Europa degli ultimi anni (una tonnellata solo nel 2006) e sommando le informative dell'Antimafia calabrese e napoletana in materia di narcotraffico, si arriva a calcolare che 'ndrangheta e camorra trattano circa seicento tonnellate di coca l'anno.

La strada africana, la strada spagnola, la strada bulgara, la strada olandese sono i percorsi della coca infiniti e molteplici che hanno un unico approdo da cui poi ripartire per nuove destinazioni: l'Italia. Alleanze strettissime con i cartelli ecuadoregni, colombiani, venezuelani, con Quito, Lima, Rio, Cartagena. La coca supera ogni barriera culturale e ogni distanza tra continenti. Annulla differenze, nell'immediato. Unico mercato: il mondo. Unico obiettivo: il danaro. In Europa, 'ndrangheta e camorra riescono più di ogni altra organizzazione a movimentare la cocaina. Spesso in alleanza tra loro, alleanze nuove e inedite tra gruppi a cui i *media* italiani tradizionalmente riservano un'attenzione marginale e confinata alla cronaca, lasciando che nel cono d'ombra generato dalla fama di Cosa Nostra continuino a migliorare e trasformare le loro capacità di importazione e gestione della coca. I giovani affiliati, come emerge spesso dalle inchieste dell'Antimafia calabrese, ormai non chiamano più la 'ndrangheta col suo nome arcaico e dialettale, ma Cosa Nuova. E che Cosa Nuova possa essere l'adeguata definizione per un'organizzazione sempre più trasversale e in strettissima alleanza con i cartelli napoletani e casalesi della camorra è qualcosa più di un semplice sospetto. Tra Sudamerica e Sud Italia sembra esserci un unico cordone ombelicale che trasmette coca e danaro, canali noti e sicuri, come se esistessero immaginari binari aerei e gallerie marine, che legano i clan italiani ai *narcos* sudamericani.

Una volta su una spiaggia salernitana ne avevo incontrato uno. L'unico che sembrava provare soddisfazione nel farsi chiamare *narcos*. Stravaccato sulla sdraio, ascelle aperte al sole, raccontava di sé con i silenzi giusti per alimentare la curiosità e non saziarla. Raccontava di sé senza dare nessun dettaglio che potesse divenire prova, faceva intendere ciò che era e lasciava che su di lui fioccassero leggende. Era uno che si diceva amico di un capo guerrigliero colombiano, Salvatore Mancuso, ne parlava come di una sorta di semidio, una potenza in grado di far muovere capitali immensi e di legare il Sud Italia alla Colombia con un unico indissolubile nodo. Ma quel nome non mi diceva niente. Un nome italiano in Colombia, uno dei molti. Poi, qualche anno dopo, venni a conoscere ogni centimetro di leggenda e di inchiostro giudiziario.

Salvatore Mancuso è il capo delle Auc (Autodefensas Unidas de Colombia), i paramilitari che da decenni dominano su oltre dieci regioni dell'interno della Colombia, contendendo paesi e piantagioni di coca ai guerriglieri delle Farc. Mancuso è responsabile di trecentotrentasei morti tra sindacalisti, sindaci, pubblici ministeri e attivisti per i diritti umani, secondo le sue stesse ammissioni, fatte al tavolo della Commissione giustizia e pace, istituita nell'ambito del negoziato tra i paramilitari e il governo del presidente colombiano Álvaro Uribe. Salvatore Mancuso è riuscito sinora a evitare ogni richiesta di estradizione sia negli Usa che in Italia, dove vorrebbero che venisse a rispondere delle tonnellate di coca esportate, perché si è fatto arrestare, ponendosi così sotto la "protezione" della Giustizia di Bogotà. Condannato a quarant'anni per una delle stragi più efferate della storia colombiana, quella di Ituango, attualmente collabora al processo di smobilitazione della guerriglia, e per questo la legge 975 colombiana ha ridotto la sua pena a soli otto anni, che sconta lavorando in una fattoria nel nord del Paese. Ma da lì in realtà continua ad avere una postazione attraverso cui gestire la diffusione della migliore coca colombiana con i cartelli italiani.

Sentir pronunciare il nome di Mancuso per molti significa sentir affiorare ogni volta la voce di un testimone scampato a uno dei massacri compiuti dai suoi uomini delle Auc. Un contadino, stringendo il microfono come se stesse spremendo un tubetto di dentifricio per farne uscire l'ultima stilla, disse in tribunale: «Cavavano gli occhi di chi osava ribellarsi con dei cucchiaini». Migliaia di uomini al suo servizio, una flotta di elicotteri militari, e intere regioni da lui dominate l'hanno reso un sovrano della coca e della selva colombiana. Mancuso ha un soprannome, "el Mono", la Scimmia, evocato dal suo aspetto di agile e tozzo orango. L'inchiesta Galloway-Tiburon coordinata dalla Dda di Reggio Calabria dimostra che con l'Italia ha il maggior numero di affari. Possiede persino il passaporto italiano. L'Italia sarebbe la nazione più sicura per svernare qualora la Colombia divenisse troppo rischiosa. Mancuso è considerato in diverse inchieste dell'Antimafia (Zappa, Decollo, Igres, Marcos) il narcotrafficante che più di tutti, attraverso le finestre dei porti italiani, riempie di coca l'Europa. Il governo italiano che riuscirà a portare Mancuso in Italia sarà l'unico in grado di poter dichiarare di aver fatto qualcosa di decisivo contro il traffico di cocaina, perché sino a quando lo si lascia in Colombia, ogni giorno sarà come giustapporre la firma ai suoi affari.

Il contributo fondamentale della criminalità organizzata italiana sta nella mediazione dei canali e nella capacità di garantire continui capitali d'investimento. I capitali con cui la coca viene comprata si definiscono "puntate". E le puntate dei clan italiani arrivano prima di quelle di ogni altro concorrente: puntuali, corpose, in grado di permettere ai produttori di avere garanzie di vendite all'ingrosso e persino di liberarli della necessità di trasportare il carico sino a destinazione. L'operazione Tiro Grosso coordinata dai pm Antonio Laudati e Luigi Alberto Cannavale, compiuta nel 2007 dai carabinieri del Nucleo operativo provinciale di Napoli e che ha visto la collaborazione di polizia e guardia di finanza, e la partecipazione di decine di polizie europee, della Dea americana e della Direzione centrale per i servizi antidroga diretta dal generale Carlo Gualdi, costringe a cambiare in maniera radicale lo sguardo sulle vie della coca. Emerge la nascita di una nuova figura, il broker, e lo spostamento dell'asse internazionale dei traffici dalla Spagna a Napoli.

Dopo gli attentati dell'11 marzo 2004, la Spagna decretò il massimo rigore alle frontiere, cosa che si tradusse nell'aumento esponenziale dei controlli di porti e autoveicoli. E così il Paese che prima era considerato dai *narcos* un enorme deposito dove poter stoccare cocaina alla sola condizione che non fosse destinata al mercato interno, ora come snodo di scambi diventava problematico. Tutta la droga finisce quindi dirottata in altri porti come Anversa, Rostock, Salerno. La coca vi arriva dopo che le puntate sono state decise, e a partecipare alle puntate non sono solo i clan, ma anche i corrieri, i broker stessi e chiunque voglia tentare la strada dell'investimento in questa sostanza alchemica che rende cento volte il costo iniziale. In un'intercettazione fatta dai carabinieri di Napoli nell'ambito dell'operazione Tiro Grosso, Gennaro Allegretti, accusato di essere un corriere, sta preparando un viaggio in Spagna e chiama un suo amico per farlo partecipare alla puntata. Dall'altra parte del telefono l'amico, appena uscito dalla banca, sa di non avere molti liquidi e quindi vorrebbe tirarsi indietro:

«Tu lunedì cosa devi fare? Perché io domenica già devo stare preparato... se tu mi dici di no... io domenica notte mi metto nella macchina e me ne vado. Lunedì all'alba ce ne andiamo.»

«Penso di no, perché ora sono andato in banca, quasi sicuro di no.»

«Compa'... non ti perdere sempre i tram. Ha partecipato mezza Italia: ma che tieni da vedere? Il mese prossimo entri con tre milioni in più.»

I broker si incontrano negli alberghi di mezzo mondo, dall'Ecuador al Canada, e i migliori sono quelli che fondano società di import-export. Trattano con i produttori come Antonio Ojeda Díaz che da Quito a Guayaquil – questo è quanto emerge sempre dall'inchiesta Tiro Grosso – organizzava i suoi contatti con gli italiani attraverso ditte di import-export con la Turchia. A Istanbul arrivavano solo i contenitori, mentre la coca sbarcava a più tappe durante le soste nei porti italiani e tedeschi. Le modalità del traffico gestito dai broker napoletani sono sterminate. Dalle scatolette di ananas sciroppato dove la coca è nascosta a mo' di cuscinetto tra una fetta e l'altra, ai caschi di banane dove le palline di coca vengono cucite nel corpo di ogni singola banana.

I mediatori sudamericani come Pastor o Elvin Guerrero Castillo spesso vivono proprio a Napoli, e gestiscono i loro affari direttamente da qui. In Italia il numero uno come broker, secondo le accuse, è Carmine Ferrara, di Pomigliano. Riusciva per gli inquirenti a gestire le puntate più importanti. Lui stesso si vanta della sua bravura in una intercettazione: «Tutti vogliono lavorare con me». Le puntate sono raccolte dai diversi clan, Nuvoletta, Mazzarella, Di Lauro, i Casalesi, Limelli, gruppi spesso rivali tra di loro, ma che riescono ad accedere alla coca attraverso gli stessi broker.

La forma del traffico è semplice e aziendale. Broker che mediano con i *narcos*, poi i corrieri che trasportano, e poi i "cavalli" che sono gli uomini affiliati che la passano ai vari sottogruppi dei clan, e infine i "cavallini" che la danno direttamente ai pusher. Ogni passaggio ha il suo guadagno, ma la coca oggi è passata dai quaranta euro al grammo del 2004 ai dieci-quindici nelle piazze più importanti d'Italia. Altro capitolo sono le piazze nel cuore di Napoli, la capitale dello smercio.

Il meccanismo dei broker è fondamentale per i produttori di coca: non sono affiliati, non hanno conoscenza se non sommaria delle strutture organizzative dei clan, e quindi anche se arrivano a parlare, non sanno dei clan, e il clan non sa di loro. Se i broker vengono arrestati, rimarrà il cartello criminale pronto a divenire interlocutore di nuovi broker, e al contempo se una famiglia viene smantellata, i broker continueranno ad avere i loro interlocutori senza subire altro danno che un cliente perso. Si rivolgeranno ad altre famiglie o a nuove famiglie che emergeranno.

Si leva una brezza di scandalo momentaneo quando vengono diffusi certi dati inquietanti: come il fatto che oltre l'ottanta per cento delle banconote italiane risulta tracciato di polvere di coca o che le fogne di Firenze contengono più residui di quelle londinesi. Ma che sia la coca il motore primo dell'economia criminale e che questa, l'economia criminale, sia la più florida delle economie del nostro tempo, su questo molte procure lavorano in silenzio da anni e spesso con risorse inadeguate.

Il procuratore Franco Roberti, viso spigoloso, fortemente mediterraneo, taglio d'occhi orientale, coordinatore della Dda di Napoli fino all'aprile 2009, un passato alla Direzione nazionale antimafia, da molto tempo e prima d'ogni emergenza ribadisce, ricorda, sottolinea, con l'ostinazione di chi vuole guardare al di là del momento critico, dov'è che risiede davvero il problema. Nelle conferenze stampa delle più importanti operazioni antidroga coordinate dal suo ufficio delinea senza mezze misure la situazione grave, gravissima cui si deve far fronte. «A Napoli si ammazza quasi esclusivamente per la droga. La cocaina scorre a fiumi e genera guadagni favolosi. I clan si combattono per il controllo dei traffici. Se un clan investe un milione di euro in una partita di coca, ne ricava in brevissimo tempo almeno quattro. Quadruplica il guadagno rispetto al costo, in un tempo microscopico.» Solo per Tiro Grosso gli affari dei broker napoletani spaziavano dalla Spagna (Barcellona, Madrid, Malaga) alla Francia (Marsiglia e Parigi), e poi in Olanda (Amsterdam e L'Aia), in Belgio (Bruxelles), in Germania (Münster), e poi corrieri e contatti in Croazia, ad Atene e poi a Sofia e Pleven in Bulgaria, a Istanbul in Turchia, e infine Bogotá e Cucuta in Colombia, Caracas in Venezuela, Santo Domingo, e Miami negli Usa.

I corrieri utilizzati erano tutti rigorosamente incensurati, e viaggiavano su auto modificate. E la modifica delle auto era sofisticata fino all'inverosimile. La coca e l'hashish venivano preparati come un letto steso appena sopra l'asse dell'auto su cui poi montare il corpo del veicolo. Nelle officine del Napoletano, di Quarto, Agnano, Marano, il metodo usato è, come dicono i meccanici, "a kamikaze". Come i kamikaze hanno mutato per sempre la strategia militare contemporanea sbaragliando ogni difesa effettiva, perché fino ad allora ci si basava sull'assunto che l'attaccante cercasse di salvarsi, allo stesso modo i narcotrafficanti hanno compreso che l'unico modo per sfuggire ai posti di blocco era organizzare carichi che possono essere scovati solo smantellando l'auto stessa. Cosa impossibile per qualsiasi pattuglia.

Una volta, durante un'operazione di sequestro di un'automobile, pur sapendo con certezza che vi fosse della cocaina, i carabinieri non riuscivano a trovarla. Smontata l'auto pezzo per pezzo, non si individuava la coca. I cani la sentivano, ma non riuscivano a localizzarla, si agitavano confusi e schiumando dal naso. La coca era nascosta in forma cristallizzata nei fili dell'impianto elettrico. Solo un elettrauto esperto avrebbe potuto scovarla, scoprendo più fili del necessario.

Per il trasporto si usano le famiglie dei trafficanti. Sono il modo migliore per distribuire i carichi. Le famiglie reali, non metaforicamente i clan, ma proprio i familiari incensurati e che fanno i mestieri più disparati. Gli si offre un weekend in Spagna e cinquecento euro a testa per il viaggio. Con l'avvocato pagato in caso di arresto, ovviamente. Una famiglia incensurata – padre madre e bambina – che parte il sabato o la domenica mattina e fa il viaggio, non insospettirebbe nessuna pattuglia. Sulla Roma-Napoli la scorsa primavera i carabinieri fermarono una famiglia che viaggiava su una Chrysler, spaziosa e ben caricata su un letto di duecentoquaranta chili di cocaina. Quando hanno arrestato i genitori, un sottoufficiale non riusciva a togliere dalle braccia della madre una bambina completamente disperata e in lacrime. E i volti di questi trafficanti della domenica erano increduli come di chi non si rendeva conto sino in fondo di cosa stava facendo.

La Chrysler sembra costruita apposta per i trafficanti che la foderano. Sopra le gomme, nei vani dei finestrini che spesso non possono essere abbassati perché tracimano coca. Negli anni '80 era la Panda, ora invece non c'è trafficante che non desideri la Chrysler nel proprio parco macchine. Ogni auto di trafficante è protetta da un sistema di staffette che segnalano se ci sono posti di blocco e si organizzano di modo che a ogni uscita la staffetta avverte se uscire o proseguire sull'autostrada. Non parlano mai per telefono dell'arrivo o della partenza del carico e neanche loro sanno tutto il percorso, sanno solo in quali città hanno delle basi e a queste basi fanno riferimento solamente una volta arrivati. Una volta giunti a destinazione segnalano la loro presenza, così che sarebbe troppo tardi per gli inquirenti andare e sequestrare, se hanno ascoltato la conversazione. Una scheda telefonica per ogni viaggio. Poi si butta.

In un'intercettazione un trafficante, al casello di Caserta Nord, si accorge che lo stanno aspettando i carabinieri e che l'hanno beccato e allora temporeggia dinanzi al casellante chiamando subito gli altri: «Mi hanno bevuto. Chiamate l'avvocato, stutate tutti i cellulari, fate fermare tutti quanti». Quando sono pedinati, i corrieri, le staffette cercano di seminare le auto civetta dei carabinieri e preparano camion in alcune piazzole di sosta, che aprono il ventre dei loro autotreni, caricano la macchina e partono. Anonimi. Camion tra altri camion. È così difficile travolgere il sistema di staffette che nell'aprile scorso i carabinieri sono dovuti atterrare con un elicottero sull'autostrada verso Capua per fermare un corriere.

I metodi per depistare sono sfiancanti. Un'auto, pedinata per Tiro Grosso, prima di giungere dalla Spagna a Napoli ha fatto il seguente giro: è partita da Ventimiglia, è andata a Genova, poi è tornata a Ventimiglia, poi è andata a Roma, poi è tornata a Firenze, poi è andata a Caserta e poi a Napoli. Tutto arriva a Napoli, ma da Napoli può anche ripartire. Pistoia, La Spezia, Roma, Milano e poi Catania. I nasi imbiancati d'Italia tirano coca battezzata a Napoli. Non c'è luogo dove la coca trattata dai broker napoletani non giunge. Non c'è gruppo criminale che non medi con loro. La mafia turca ha chiesto urgentemente coca ai broker napoletani offrendo armi in cambio. Le indagini per smantellare il brokeraggio di coca sono complicatissime. Gran parte del meccanismo del contrabbando è stato metamorfizzato in traffico di coca. Infatti i Mazzarella – è emerso dalle indagini – hanno concesso ai broker i loro "capitani", ossia gli scafisti che negli anni '80 trasportavano le bionde, e che ora dai porti marocchini e spagnoli portano tutto a Napoli, Mergellina, Salerno. Un motoscafo Squalo prima di essere usato era necessariamente testato dai capitani napoletani. I napoletani continuano a essere inafferrabili nella gestione dei traffici per mare. Gli introvabili fratelli Russo, i boss nolani eredi dell'impero che fu di Carmine Alfieri, secondo informative dei carabinieri, fanno latitanza su navi, non toccano mai terra, sempre in giro, per Mediterraneo e oceani.

Napoli è città che distrae, la microcriminalità e le faide danno imperativi che non riescono a concedere tempo ai grandi affari dei clan e delle borghesie della coca. E questa è una certezza che i broker conoscono bene. Ma non è sempre così. E per comprenderlo bisogna incontrare il generale Gaetano Maruccia, il comandante provinciale dei carabinieri di Napoli. La prima volta che lo incontrai, ebbi l'impressione di discutere con uno stratega competente e impassibile, ma al tempo stesso ci ritrovai lo slancio del capitano Bellodi del *Giorno della civetta*. Qualità inconciliabili che parevano invece accompagnarsi in un uomo capace di tenere insieme le contraddizioni fra ciò a cui non si può venir meno in nessun momento e a nessun costo, e ciò che si fa perché dietro al dovere resta ad agire il motore vivo di una scelta. Pugliese d'origine con sangue calabrese, un passato in Sicilia e a Roma, somiglianza col Brando maturo, capelli bianchi tirati indietro, una voce da basso. Immancabile sigaro a lato della bocca, e nello studio uno strano aggeggio che sbuffa ogni tanto un profumo per annullare il tanfo del tabacco. Mi stupì che riuscisse a inquadrare il problema strutturale del territorio in una situazione dove c'è un perenne rincorrere l'emergenza, l'imperativo della quotidianità, l'ossessiva richiesta di soluzioni quotidiane e immediate. Maruccia ha idee chiare: «È fondamentale comprendere come il mercato legale sia non soltanto infiltrato dai capitali generati dalla coca, ma fortemente determinato da questi capitali. E capire queste determinazioni è il compito più complicato. Le nostre ultime indagini dimostrano che Napoli è uno snodo centrale del traffico internazionale di coca, ma anche un punto di partenza per il riciclaggio, il reinvestimento, la trasformazione della qualità del profitto del narcotraffico in qualità economica legale. Scoprire i traffici, i canali di arrivo, le molteplici tecniche attraverso cui la cocaina e l'hashish giungono qui è un lavoro fondamentale, ma è solo la prima parte del lavoro e forse persino la più semplice. Sono le trasformazioni che dobbiamo capire: dobbiamo capire come la polvere bianca diventi tutto il resto. Commercio, aziende, costruzioni, flussi bancari, gestione del territorio, avvelenamento del mercato legale. Si parte da questa macroeconomia da smantellare e poi i micro e medio crimini avranno vita difficile e agiranno senza speranza di crescita. Ma il percorso dev'essere questo e non il contrario».

I risultati ottenuti dal Comando provinciale dei carabinieri di Napoli sono molteplici. Da ultimo, l'intero clan dei Sarno, potente nel racket e nella coca, che gestiva un traffico di armi con l'Est usando come copertura i bus delle badanti, è stato aggredito con settanta arresti. E anche il meccanismo del narcotraffico a Scampia è stato affrontato non soltanto con gli arresti di massa dell'ultimo livello, ossia dei pusher, ma con la distruzione dei fortini attraverso cui i clan difendevano la piazza: un metodo nuovo e d'impatto che affianca centinaia di uomini per presidiarla e impedire così ogni ipotesi e velleità di rivolta.

Maruccia non ha alcun sogno di palingenesi, soltanto sa vedere oltre il caos, oltre la coltre di dati singoli che piovono su una realtà che si vuole troppo spesso schiacciata nel sottosviluppo criminale e che invece cova potenzialità criminal-imprenditoriali enormi. «È innegabile che la loro capacità di fare impresa della coca sia la loro maggiore qualità. Trasformare una periferia disastrata come l'area nord di Napoli in un'industria florida seppur criminale è una capacità con cui dobbiamo confrontarci e che dobbiamo in ogni modo smontare come si smontano gruppi industriali e finanziari e non combriccole di briganti. Abbiamo di fronte la più importante azienda del territorio e temo non solo di questo territorio, anzi dell'intero Paese. Quando si tratta di affrontare i problemi di Napoli non si può rimanere entro i confini regionali, e anzi risorse, mezzi, attenzione non bastano mai perché i percorsi partono e a volte terminano qui, ma coinvolgono i confini dell'intera nazione e spesso del mondo intero. L'importanza di una sempre più efficiente cooperazione internazionale non è determinante solo per il narcotraffico, ma dev'essere trasversale, deve colpire i capitali di investimento che i clan muovono in ogni parte del mondo. O si parte da questa consapevolezza o si ragionerà sempre in modo parziale.»

Impensabile quindi continuare a osservare la coca come una dinamica esclusivamente criminale, la cocaina diviene un paradigma attraverso cui comprendere l'economia europea che non possiede petrolio, quello nero, e diviene sicuramente una porta d'accesso per comprendere l'economia italiana. Basterebbe seguire le tracce degli investimenti in coca dei broker campani e calabresi per capire dove si orienteranno in futuro i mercati legali. La coca, l'innominabile valore aggiunto della vita quotidiana di migliaia di persone e l'impronunciabile talento criminale dell'economia italiana, non può che essere raccontata come un modello metaforico, come è per lo zero nel pensiero matematico. Traslando quello che disse Robert Kaplan, «guarda lo zero non vedrai nulla, guarda attraverso lo zero vedrai l'infinito», sembra imperativo affermare: «Guarda la coca e vedrai solo della polvere, guarda attraverso la coca e vedrai il mondo».

Costruire, conquistare

Bin Laden è riuscito a mettere le mani su uno dei territori più ambiti, il centro di Milano, nella cerchia dei Navigli. Via Santa Lucia è una di quelle stradine signorili, tranquille, quasi invisibili, che però stanno a due passi dai locali più di moda e dagli imponenti palazzi storici dove avvocati e notai hanno i loro studi e dove gli imprenditori cercano appartamenti e showroom per vivere accanto alle vecchie famiglie milanesi. Proprio lì si trova l'ultima preda urbanistica di una città che prevalentemente vede espandere i suoi fianchi, e nelle periferie duplicare e triplicare persino il proprio nome. E che, invece, aveva un cuore intatto, un territorio illibato su cui poter ancora edificare e vendere a quindicimila euro al metro quadro. Proprio lì è riuscito a entrare Bin Laden, nel grande affare immobiliare milanese.

Bin Laden non è il temibile capo di Al Qaeda, non è saudita, non è neanche islamico e non conosce altra fede che il danaro. "Bin Laden" è il soprannome di Pasquale Zagaria, imprenditore del clan del cemento, il clan dei Casalesi. È originario di Casapesenna, un paesino del Casertano dove ci sono più imprese edili che abitanti. "Bin Laden" è il soprannome che emerge dalle indagini dell'Antimafia di Napoli coordinata dai pm Raffaele Cantone, Raffaello Falcone e Francesco Marinaro: un appellativo dovuto alla sua capacità di sparire e soprattutto alla sua temibilità, alla paura che il suo nome genera soltanto a pronunciarlo. Si racconta però che tale soprannome fosse uscito fuori quasi per gioco: se avessero messo una taglia su Pasquale Zagaria come quella su Osama, alcuni imprenditori del clan e i loro gregari dichiararono ironici che l'avrebbero tradito, poiché se diveniva materia di profitto pure la fedeltà, allora era giusto poter contrattare e vendere anche quella.

Pasquale Bin Laden Zagaria, secondo le accuse dell'Antimafia di Napoli, è uno degli imprenditori capaci di egemonizzare i subappalti dell'Alta Velocità Napoli-Roma, di determinare i lavori della linea ferroviaria Alifana, di avere ditte pronte a entrare nell'affare della Tav Napoli-Bari e nel progetto della metropolitana aversana, e pronte a gestire la conversione a scalo civile dell'aeroporto di Grazzanise, che dovrebbe divenire il più grande d'Italia. Le imprese di Zagaria hanno vinto sul mercato nazionale grazie ai prezzi concorrenziali, alla capacità di muovere macchinari e uomini e alla velocità di realizzazione. Costruiscono ovunque in Emilia Romagna, Lombardia, Umbria e Toscana. La crescita esponenziale di Pasquale Zagaria, la sua ascesa fino a diventare uno dei più importanti imprenditori edili italiani, è avvenuta soprattutto da quando è stato in grado di collocare il cuore del suo impero e quello dei Casalesi in Emilia Romagna, in particolar modo a Parma, che è oggi una delle città che più hanno a che fare con la camorra, avendo assorbito nel suo tessuto economico i capitali dei clan.

Ma non c'è stata alcuna colonizzazione, piuttosto il contrario. Al Nord le imprese edili crescono velocemente, lavorano, costruiscono, vendono, acquistano, affittano, soltanto che non di rado entrano in crisi. Così è necessario che arrivino capitali nuovi, uomini e gruppi capaci di rassicurare le banche e di intervenire immediatamente. La camorra casalese offre condizioni ottimali: i capitali più cospicui, le migliori maestranze e l'assoluta supremazia nel risolvere qualsiasi problema burocratico e organizzativo. E la famiglia Zagaria, che detiene all'interno del clan la leadership del cemento, può fare meglio di ogni altro competitore nell'acquisto di terreni, nella capacità di scegliere i materiali al miglior prezzo, nel reperire terreni edificabili, nel trasformare pantani inaccessibili in appetibili terreni dove costruire condomini lussuosi.

La figura che unisce Bin Laden Zagaria a Parma è il costruttore Aldo Bazzini. Uomo del cemento con interessi a Milano, Parma e Cremona, secondo le accuse diviene testa di legno di Zagaria quando il loro sodalizio si fortifica attraverso il matrimonio. Bin Laden sposa la figliastra di Aldo Bazzini che, in una telefonata fatta con il suo avvocato Conti, commenta così la novità:

Conti: La figlia dove è andata?...
Bazzini: La figlia ha sposato un... un grosso boss! Eh! Giù!
C: Ma che roba! E sta bene?!
B: E sta bene!
C: Quel marito lì gliel'ha trovato lei, eh, Bazzini?
B (ride): ... Eh sì, eh!
C: Bisogna stare attenti a venire con lei!... Se no mi trova il marito anche...
B (ride)
C: È un boss veramente?
B: Eh sì, sì, sì!
C: E lei fa... fa la vita da... da ricca?
B: Da ricchissima, guardi!
C: Da ricchissima!

Ed effettivamente la vita migliora. In un appunto trovato dai carabinieri sono segnate le spese degli Zagaria, e tra basolati, calcestruzzi, cotti e intonaci si trovano elencati diciannovemila euro per una gita di un giorno a Montecarlo e ventimila per una spesa ad Oro Mare, la città dei gioielli.

Così dopo il matrimonio del boss le imprese di Bazzini, che andavano lentamente verso il tracollo, iniziano a riprendersi grazie ai capitali e alle competenze dei Casalesi. Ed è interessante vedere come i nomi delle imprese di Bazzini, che secondo la Dda di Napoli di fatto sono gestite dai Casalesi, siano completamente slegati dal territorio meridionale. Nuova Italcostruzioni Nord srl, Ducato Immobiliare srl e persino un'impresa dedicata all'autore della *Certosa di Parma*, la Stendhal Costruzioni srl.

L'Emilia Romagna è sempre stata territorio di investimento del clan dei Casalesi. Giuseppe Caterino, arrestato in Calabria due anni fa, era un boss che a Modena aveva il suo feudo. In via Benedetto Marcello da sempre esiste una roccaforte casalese e poi a Reggio Emilia, Bologna, Sassuolo, Castelfranco Emilia, Montechiarugolo, Bastiglia, Carpi. Basta seguire il percorso delle imprese edili e la sofferenza di molti emigranti dell'Agro Aversano, vessati dai loro compaesani dei clan. Persino le modalità militari sono state esportate nei territori di investimento. Si iniziò il 5 maggio del 1991, con un conflitto tra paranze di fuoco dei Casalesi a Modena. Il 14 marzo del 2000 vi fu un agguato a Castelfranco Emilia. E poi a Modena qualche mese fa, il 10 maggio 2007, è stato gambizzato Giuseppe Pagano, titolare dell'impresa edile Costruzioni Italia.

Il tessuto connettivo italiano è il cemento. Cemento e il sangue arterioso della sua economia. Col cemento nasci e divieni imprenditore, lontano dal cemento ogni investimento traballa. Il cemento armato è il territorio dei vincenti. In silenzio il clan del cemento ha preso potere in Italia, un silenzio che si è costruito con la certezza che quanto lo riguarda non sarebbe rimbalzato oltre i confini campani. Un clan sconosciuto in Italia e invece notissimo e temutissimo laddove riesce a egemonizzare ogni cosa. Il pm Raffaele Cantone, al processo contro il clan Zagaria, ha detto con fermezza: «Ci troviamo di fronte a boss che agiscono, pensano e si relazionano come imprenditori. E sono imprenditori. Dire che esiste il clan Zagaria e che comanda su tutto il territorio è come dire che si respira aria».

Il clan è riuscito a divenire così potente perché al Sud controlla completamente il ciclo del cemento. Impone le forniture, gestisce ogni tipo di appalto, detta le leggi del racket per ogni lavoro. Un sistema che non permette smagliature. L'estorsione diviene uno strumento fondamentale per mettere in relazione tutto e tutti nella stessa rete economica e chi è sotto estorsione ne fa obbligatoriamente parte. Ci sono decine di telefonate in cui imprenditori chiedono agli uomini del clan: «Fatemi faticare», e altre telefonate fatte per non farli partecipare alle aste fallimentari: «Siamo di Casapesenna, quei terreni sono nostri». Basta pronunciare il nome del paese di provenienza e ogni buon imprenditore comprenderà. Il calcestruzzo è monopolizzato da loro, chiunque voglia lavorare deve interloquire con loro, loro condizionano tutti i produttori di cemento: Cocem, Dmd Beton, Luserta, Cls.

Nessun cantiere può impegnare ditte che non abbiano ricevuto il permesso di lavorare dai Casalesi. Nelle indagini emerge un episodio significativo: una ditta a loro apparentemente sconosciuta stava lavorando senza il "permesso" al cantiere del canile di Caserta. D'immediato l'ordine fu: «Bloccate i camion, non fate più faticare nessuno». Poi scoprirono che la ditta era una delle loro miriadi di emanazioni e tutto tornò in regola.

E così le imprese dei clan riescono a risparmiare, vincono gli appalti al Sud e migliorano le loro qualità al Nord. Crescendo sono riusciti ad arrivare alle grandi opere. Nel 2003 si vara il progetto dei grandi cantieri del governo Berlusconi; secondo le indagini della Dda di Napoli, in un albergo romano ha luogo un summit per tentare di far entrare il clan nel progetto. Roma è territorio noto ai Casalesi, hanno già tentato la scalata alla squadra della Lazio, sono divenuti i partner vincenti di Enrico Nicoletti, boss della Banda della Magliana. Il luogo di incontro è una sala riunioni di un hotel della zona di via Veneto. C'è il costruttore Aldo Bazzini, c'è il boss Pasquale Zagaria, c'è Alfredo Stocchi, politico, ex assessore socialista, e c'è infine il presidente del consiglio comunale Bernini, consulente del ministro Lunardi. Giovanni Bernini, uomo di punta di Forza Italia in Emilia Romagna, nel '94 viene eletto a Palazzo Ducale, nel 2002 è il più votato di tutta la Casa delle libertà. Bernini, che l'Antimafia napoletana interroga come testimone, spiegherà che Zagaria gli era stato presentato come un imprenditore, cosa reale del resto, ma dichiara che ignorava fosse anche un boss. L'inchiesta si ferma qui, quello che è accaduto dopo non si sa. Ma è evidente che non sono i clan ad avere bisogno delle grandi opere, bensì il contrario. Il cemento chiama il cemento più efficiente, i prezzi più convenienti.

Pasquale Bin Laden Zagaria era latitante, lo cercavano invano mentre le sue ditte satellite continuavano a vincere appalti. Ma in seguito si è consegnato. Si è consegnato ed ha chiesto il rito abbreviato. Al processo, al tribunale di Napoli, c'è tutto lo stato maggiore del clan. La strategia migliore: la legge diviene qualcosa che deve contenere il business, la prassi economica. È quindi inutile sfidarla quando non la si riesce a slabbrare, quando le maglie sono strette al massimo. Bisogna incassare il danno, renderlo minimo. Non contrastare lo Stato.

Quando il pm Raffaele Cantone riuscì a comprendere i meccanismi, aprendo indagini importanti sul clan del cemento e riuscendo a sequestrare cantieri per un valore di oltre cinquanta milioni di euro, il clan pensò di farlo saltare in aria. Le informative parlavano di tritolo ordinato ai fedelissimi alleati calabresi. Informazioni che quasi tutti i *media* ignorano. Al pm viene raddoppiata la scorta, la tensione sul territorio diviene altissima. 'Ndrangheta e camorra casalese sono da sempre alleate, gemelle nel silenzio che riescono a ottenere, a differenza di Cosa Nostra. Ma poi i falchi del clan vengono placati dalle colombe. Capiscono che non è il momento della carneficina. E il clan, che pure aveva massacrato un giovane sindacalista, Federico Del Prete, e che pure non aveva esitato a massacrare un proprio affiliato perché in carcere aveva avuto rapporti omosessuali "infangando" l'onorabilità dell'intero cartello, il clan più feroce del Mezzogiorno si ferma. Non vuole telecamere, non vuole attenzione nazionale. Vuole rimanere sconosciuto. E quindi sospende la condanna al magistrato.

Pasquale Zagaria è il fratello di Capastorta. "Capastorta" è il soprannome di Michele Zagaria. Latitante da oltre undici anni, oggi ha preso il posto di Bernardo Provenzano alla testa dei boss più ricercati d'Italia. Michele è il capo militare del clan dei Casalesi, il leader incontrastato. In realtà formalmente è una sorta di viceré assieme ad Antonio Iovine, "'o Ninno", del boss in carcere Francesco Sandokan Schiavone. Michele Zagaria ha organizzato un clan efficiente, e la sua vita è ovviamente materia di leggenda, ma nelle storie del potere di camorra la leggenda è riferimento mitico piuttosto che invenzione. Le informative parlano della sua villa a Casapesenna, che al posto del tetto ha una cupola di vetro per far arrivare luce a un enorme albero piantato nel salone di casa. Ma al di là delle stupefacenti tracotanze edilizie comuni a tutti i capi del clan del cemento, la strategia di vita del boss è quasi calvinista. Michele Zagaria ha rifiutato la famiglia, non ne ha creata una, ufficialmente. Pare abbia avuto una figlia, ma non ha avuto il coraggio di riconoscerla dandole il suo cognome, non si è sposato, vive in solitudine. Il boss trascorreva gran parte della latitanza in chiesa, e non c'è in paese chi non conosca la storia di Michele Zagaria che incontrava nel confessionale i suoi fedelissimi: nessuna confessione, solo affari. Il clan Zagaria è disciplinato, rifiuta la cocaina al suo interno. Quando i ragazzi del clan hanno iniziato a farne uso è intervenuto Pasquale Zagaria che li punisce chiudendoli nella gabbia coi porci. Ma anche il boss cede alla coca, in un'intercettazione ambientale un suo sottoposto, Michele Fontana detto "'o Sceriffo", timido e riguardoso, osa chiedere al boss se ha mai ceduto al vizio. La risposta del boss è terribilmente epica: «Dissi, Michele... mi devi togliere uno sfizio... ma tu lo hai mai fatto?... Dissi... scusami se mi permetto... e lui mi guardò in faccia e mi disse: "Tu non lo sai che io sono come il prete; fa' quello che dico ma non fare quello che faccio io"...».

Michele Zagaria è anche attento alla messa in scena di se stesso. Una volta una imprenditrice molto potente, Immacolata Capone, incontra un uomo del boss, proprio 'o Sceriffo, e lui dice che deve farle una sorpresa. Le fa prendere posto in auto sul sedile davanti e intanto la donna sente rumori nel cofano, e una voce che dice che non ce la fa più. Quando chiede spiegazioni, lo Sceriffo mormora solo: «Signora, non vi preoccupate». Poi arrivano in una villa faraonica nelle campagne del Casertano e lì dal cofano spunta Michele Zagaria che entra in casa. Lei, sconvolta dal boss, non riesce neanche a rivolgergli la parola, nonostante siano partner di affari vincenti da anni. Secondo alcune informative il boss prese posto al centro del salone di una delle sue tante ville, salone lastricato di marmi rari, e carezzando una tigre al guinzaglio iniziò a discorrere di appalti, calcestruzzo, costruzioni e terre. Un'immagine cinematografica, capace da sola di creare mito, cibo di cui i clan devono alimentare il loro potere fatto di sparizioni e appalti.

Donna Immacolata era stata capace di edificare un tessuto imprenditoriale e politico di grande spessore. Lei, donna del clan Moccia, era divenuta interlocutrice del clan Zagaria, ambita da molti camorristi che la corteggiavano per poter divenire compagni di una boss-imprenditrice di alto calibro. Secondo le accuse l'uomo politico che aveva aiutato i suoi affari è Vittorio Insigne, consigliere regionale dell'Udeur, per il quale i pm Raffaele Cantone e Francesco Marinaro hanno chiesto la condanna a tre anni e otto mesi per concorso esterno in associazione camorristica. Insigne avrebbe interceduto per procurare un certificato antimafia alle imprese della Capone. Nelle intercettazioni emergono continui riferimenti al politico, anche circa la spartizione dei proventi. Secondo le accuse Insigne interveniva per far vincere gli appalti alla Capone, ma la Capone poi una parte dei guadagni li riportava a lui. Vittorio Insigne al momento delle indagini faceva parte della Commissione trasporti della Regione Campania.

Il pool dell'Antimafia napoletana coordinato da Franco Roberti è riuscito anche a scoprire che la Capone aveva avvicinato il colonnello dell'aeronautica militare Cesare Giancane, direttore dei lavori al cantiere Nato di Licola. Il clan Zagaria infatti – secondo le accuse – è riuscito persino a lavorare per il Patto Atlantico edificando la centrale radar posta nei pressi del Lago Patria, punto fondamentale per le attività militari Nato nel Mediterraneo. Ma forse la bravura le è stata fatale, Immacolata Capone è stata uccisa nel novembre 2004 in una macelleria di Sant'Antimo. Pochi mesi prima avevano eliminato suo marito.

Il clan, della politica, fa ciò che vuole. Non c'è, come negli anni '90, una sorta di necessaria sudditanza. Al contrario, è la politica oggi suddita degli affari, e quindi anche degli affari di camorra. In un'intercettazione Michele Fontana, 'o Sceriffo, racconta di come si sia interessato alla campagna elettorale delle ultime elezioni a Casapesenna e dice: «Il mio cavalluccio è salito». Il politico, che secondo le indagini è Salvatore Carmellino, 'o Sceriffo lo chiama cavalluccio: una sorta di mezzo con cui stare tranquilli al Comune, un contatto nelle sue intenzioni capace di divenire referente degli affari del sodalizio. La politica locale come aia per i propri affari diretti, quella nazionale come spazio in cui di volta in volta interloquire, usare, ignorare, abusare, gestire. Se secondo von Clausewitz la guerra non è che la continuazione della politica con altri mezzi e secondo Michel Foucault la politica è la guerra condotta con altri mezzi, i clan imprenditoriali non sono altro che economie che usano ogni mezzo per vincere la guerra economica.

Oggi i carabinieri del Ros di Roma che avevano condotto egregiamente la ricerca di Capastorta dovrebbero tornare a inseguirlo. In queste ore si ha la certezza della sua presenza a Casapesenna, un capo militare non può abbandonare il suo territorio. Bisogna permettere alle forze di polizia del posto di essere coadiuvate, fare sì che le ricerche siano intensificate e che le imprese del cemento siano monitorate, seguite in ogni aspetto, impedendo che monopolizzino il mercato, distruggendo così ogni lontana idea di libera concorrenza. Ogni distrazione che viene oggi concessa al potere del clan ha il sapore della connivenza. Il governo di centrosinistra sino a ora ha fatto troppo poco, sino a ora si è dimostrato lento, distratto e morbido nella battaglia all'imprenditoria edile criminale, alle borghesie imprenditrici direttamente legate ai clan. È necessario che il governo intervenga sul meccanismo d'appalto dei noli, ossia sulla possibilità di noleggiare i macchinari dei clan senza che ne rimanga traccia: bisognerebbe vietarli, o non imporre la stessa autorizzazione dei subappalti. È necessario che si inizi a regolamentare il meccanismo degli appalti non permettendo che un'impresa del Nord possa vincere e poi dare tutto il lavoro in subappalto.

Ma il silenzio è totale e colpevole. Nel processo Spartacus, il più grande processo di mafia degli ultimi quindici anni, che il giorno della sua sentenza non ha ricevuto attenzione sulla stampa nazionale, la camorra tenta in appello di far cancellare i suoi ventuno ergastoli. Ma sarebbe gravissimo se si lasciasse al suo destino uno dei pochissimi tentativi compiuti in questa terra per ostacolare i ras del cemento criminale. I collegi difensivi dei clan, l'enorme esercito di avvocati che hanno a disposizione le varie famiglie camorristiche – Schiavone, Bidognetti, Zagaria, Iovine, Martinelli – vogliono soprattutto silenzio, minimizzazione, vogliono che lo sguardo vada altrove. Vogliono spingere l'interesse nazionale a vedere queste vicende come scarti di periferia, aiutati spesso dalla nausea di una classe intellettuale distante da questi meccanismi e da una classe politica che quando non ne è invischiata non ne riesce più a comprendere le dinamiche. È interessante ascoltare le intercettazioni dei capizona, degli imprenditori dei clan, anche per capire come per loro sia fondamentale che l'interesse nazionale sia attirato dalla guerra in Iraq, dai Dico e più d'ogni altra cosa dal terrorismo di ogni matrice.

Nei prossimi mesi non bisognerà togliere lo sguardo dall'appello del processo Spartacus. I boss non hanno condanne definitive, la Cassazione annulla tanti ergastoli. È fondamentale che non si dissolva l'attenzione nazionale, che si segua l'odore del cemento, perché cemento, rifiuti, trasporti, supermercati smettano di essere i serbatoi del riciclaggio e dell'investimento principe dei clan. Altrimenti sarà troppo tardi. Non ci sarà più confine, posto che ce ne sia ancora uno, tra economia legale e illegale. Temo possa accadere che ogni parola che racconti queste dinamiche diventi muta, incomprensibile, come proveniente da un mondo che si crede distante; che ogni inchiesta giudiziaria divenga semplicemente un affare tra giudici, avvocati e incriminati da sbrigare nel tempo più lungo possibile e nello spazio d'attenzione più ristretto e dove persino i morti ammazzati divengono un male fisiologico, qualcosa che non può che andar così. Temo possa accadere che le parole che raccontano tutto ciò diventino incomprensibili. Si rischia di scrivere non per comunicare ciò che è accaduto ma per far passare davanti agli occhi ciò che chi guarda o legge non conoscerà mai.

La peste e l'oro

È un territorio che non esce dalla notte. E che non troverà soluzione. Quello che sta accadendo è grave, perché divengono straordinari i diritti più semplici: disporre di una strada accessibile, respirare aria non marcia, avere speranze di vita nella media di un Paese europeo. Vivere senza dovere avere l'ossessione di emigrare o di arruolarsi. È una notte cupa quella che cala su queste terre, perché essere divorati dal cancro diviene qualcosa che somiglia a un destino condiviso e inevitabile come il nascere e il morire, perché chi amministra continua a parlare di cultura e democrazia elettorale, comete più vane delle discussioni bizantine, e chi è all'opposizione sembra divorato dal terrore di non partecipare agli affari piuttosto che interessato a modificarne i meccanismi. Si muore di una peste silenziosa che ti nasce in corpo dove vivi e ti porta a finire nei reparti oncologici di mezza Italia. Gli ultimi dati pubblicati dall'Organizzazione mondiale della sanità mostrano che la situazione campana è incredibile, parlano di un aumento vertiginoso delle patologie di cancro. Pancreas, polmoni, dotti biliari, più del dodici per cento rispetto alla media nazionale. La rivista medica "The Lancet Oncology" già nel settembre 2004 parlava di un aumento del ventiquattro per cento dei tumori al fegato nei territori delle discariche e le donne sono le più colpite. Vale la pena ricordare che il dato nelle zone più a rischio del Nord Italia è un aumento del quattordici per cento.

Ma forse queste vicende avvengono in un altro Paese. Perché chi governa e chi è all'opposizione, chi racconta e chi discute, vive in un altro Paese. Perché se vivessero in questo Paese sarebbe impensabile accorgersi di tutto questo solo quando le strade sono colme di rifiuti. Forse accadeva in un altro Paese che il presidente della Commissione affari generali della Regione Campania fosse proprietario di un'impresa – l'Ecocampania – che raccoglieva rifiuti in ogni angolo della regione e oltre, e non avesse il certificato antimafia. Eppure non avviene in un altro Paese che i rifiuti siano un enorme business. Ci guadagnano tutti: è una risorsa per le imprese, per la politica, per i clan, una risorsa pagata maciullando i corpi e avvelenando le terre.

Guadagnano le imprese di raccolta: oggi quelle campane sono tra le migliori in Italia e addirittura capaci di entrare in relazione con i più importanti gruppi di raccolta rifiuti del mondo. Le imprese di rifiuti napoletane infatti sono le uniche italiane a far parte della Emas francese, un sistema di gestione ambientale con lo scopo di prevenire e ridurre gli impatti ambientali legati alle attività che si esercitano sul territorio. Se si va in Liguria o in Piemonte numerosissime attività che vengono gestite da società campane operano secondo tutti i criteri normativi e nel miglior modo possibile. Al Nord si pulisce, si raccoglie, si è in equilibrio con l'ambiente, al Sud si sotterra, si lercia, si brucia.

Guadagna la politica, perché come dimostra l'inchiesta dei pm Milita e Cantone, dell'Antimafia di Napoli, sui fratelli Orsi (imprenditori passati dal centrodestra al centrosinistra) in questo momento il meccanismo criminogeno attraverso cui si fondono tre poteri – politico, imprenditoriale e camorristico – è il sistema dei consorzi. Il consorzio privato-pubblico rappresenta il sistema ideale per aggirare tutti i meccanismi di controllo. Nella pratica è servito a creare situazioni di monopolio sulla scelta di imprenditori spesso vicini alla camorra. Gli imprenditori hanno ritenuto che alla società pubblica spettasse fare la raccolta rifiuti in tutti i comuni della realtà consorziale, di diritto. Questo ha avuto come effetto pratico di generare situazioni di monopolio e di guadagno enorme che in passato non esistevano. Nel caso dell'inchiesta di Milite e Cantone accadde che il consorzio acquistò per una cifra colossale e gonfiata (circa nove milioni di euro) attraverso fatturazioni false la società di raccolta Eco4. I privati tennero per sé gli utili e scaricarono sul consorzio le perdite. La politica ha tratto dal sistema dei consorzi tredicimila voti e nove milioni di euro all'anno, mentre il fatturato dei clan è stato di sei miliardi di euro in due anni.

Ma guadagnano cifre immense anche i proprietari delle discariche, come dimostra il caso di Cipriano Chianese, un avvocato imprenditore di un paesino, Parete, il suo feudo. Aveva gestito per anni la Setri, società specializzata nel trasporto di rifiuti speciali dall'estero: da ogni parte d'Europa trasferiva rifiuti a Giugliano-Villaricca, trasporti irregolari senza aver mai avuto l'autorizzazione dalla Regione. Aveva però l'unica autorizzazione necessaria, quella della camorra. Accusato dai pm antimafia Raffaele Marino, Alessandro Milita e Giuseppe Narducci di concorso esterno in associazione camorristica ed estorsione aggravata e continuata, è l'unico destinatario della misura cautelare firmata dal gip di Napoli. Al centro dell'inchiesta la gestione delle cave X e Z, discariche abusive di località Scafarea, a Giugliano, di proprietà della Resit e acquisite dal Commissariato di governo durante l'emergenza rifiuti del 2003. Chianese – secondo le accuse – è uno di quegli imprenditori in grado di sfruttare l'emergenza. Con l'attività di smaltimento della sua Resit è riuscito a fatturare al Commissariato straordinario un importo di oltre trentacinque milioni di euro, per il solo periodo compreso tra il 2001 e il 2003. Gli impianti utilizzati da Chianese avrebbero dovuto essere chiusi e bonificati. Invece sono divenute miniere in tempo di emergenza. Grazie all'amicizia con alcuni esponenti del clan dei Casalesi, hanno raccontato i collaboratori di giustizia, Chianese aveva acquistato a prezzi stracciati terreni e fabbricati di valore, aveva ottenuto l'appoggio elettorale nelle politiche del 1994 (candidato nelle liste di Forza Italia, non fu eletto) e il nulla osta per lo smaltimento dei rifiuti sul territorio del clan. La procura ha posto sotto sequestro preventivo i beni riconducibili all'avvocato-imprenditore di Parete: complessi turistici e discoteche a Formia e Gaeta oltre che numerosi appartamenti tra Napoli e Caserta. Con l'emergenza, la città colma di rifiuti, i cassonetti traboccanti, le proteste: i politici sotto elezione hanno trovato nella Resit con sede in località Tre Ponti, al confine tra Parete e Giugliano, la loro soluzione.

Sullo smaltimento dei rifiuti in Campania guadagnano le imprese del Nordest. Come ha dimostrato l'operazione Houdini del 2004, il costo di mercato per smaltire correttamente i rifiuti tossici imponeva prezzi che andavano dai ventuno ai sessantadue centesimi al chilo. I clan fornivano lo stesso servizio a nove o dieci centesimi al chilo. I clan di camorra sono riusciti a garantire che ottocento tonnellate di terre contaminate da idrocarburi, proprietà di un'azienda chimica, fossero trattate al prezzo di venticinque centesimi al chilo, trasporto compreso. Un risparmio dell'ottanta per cento sui prezzi ordinari. Se i rifiuti illegali gestiti dai clan fossero accorpati diverrebbero una montagna di quattordicimilaseicento metri con una base di tre ettari, sarebbe la più grande montagna esistente sulla terra. Persino alla Moby Prince, il traghetto che prese fuoco e che nessuno voleva smaltire, i clan non hanno detto di no. Secondo Legambiente è stata smaltita nel Casertano, sezionata e lasciata marcire in campagne e discariche.

In questo Paese bisognerebbe far conoscere *Biùtiful cauntri* (scritto alla napoletana), un documentario di Esmeralda Calabria, Andrea D'Ambrosio e Peppe Ruggiero: far vedere il veleno che da ogni angolo d'Italia è stato intombato al Sud massacrando pecore e bufale e facendo uscire puzza di acido dal cuore delle pesche e delle mele annurche.

Ma forse è in un altro Paese che si conoscono i volti di chi ha avvelenato questa terra. È in un altro Paese che i nomi dei responsabili si conoscono, eppure ciò non basta a renderli colpevoli. È in un altro Paese che la maggiore forza economica è il crimine organizzato, eppure l'ossessione dell'informazione resta la politica, che riempie il dibattito quotidiano di intenzioni polemiche, mentre i clan che distruggono e costruiscono il Paese lo fanno senza che ci sia un reale contrasto da parte dell'informazione, troppo episodica, troppo distratta sui meccanismi.

Non è affatto la camorra ad aver innescato quest'emergenza. La camorra non ha convenienza a creare emergenze, la camorra non ne ha bisogno, i suoi interessi e guadagni sui rifiuti come su tutto il resto li fa sempre, li fa comunque, col sole e con la pioggia, con l'emergenza e con l'apparente normalità, quando segue meglio i propri interessi e nessuno si interessa del suo territorio, quando il resto del Paese le affida i propri veleni per un costo imbattibile e crede di potersene lavare le mani e dormire sonni tranquilli.

Quando si getta qualcosa nell'immondizia, lì nel secchio sotto il lavandino in cucina, o si chiude il sacchetto nero, bisogna pensare che non si trasformerà in concime, in compost, in materia fetosa che ingozzerà topi e gabbiani ma si trasformerà direttamente in azioni societarie, capitali, squadre di calcio, palazzi, flussi finanziari, imprese, voti. Dall'emergenza non si vuole e non si può uscire perché è uno dei momenti in cui si guadagna di più. Ma l'emergenza non è mai creata direttamente dai clan, il problema è che la politica degli ultimi anni non è riuscita a chiudere il ciclo dei rifiuti. Le discariche si esauriscono. Si è finto di non capire che fino a quando sarebbe finito tutto in discarica non si poteva non arrivare a una situazione di saturazione. In discarica dovrebbe andare pochissimo, invece quando tutto viene smaltito lì, la discarica si intasa. Quello che rende tragico tutto ciò è che non sono questi giorni a essere compromessi, non sono le strade che oggi sono colpite dalle "sacchette" di spazzatura a subire danno. Sono le nuove generazioni a essere danneggiate. Il futuro stesso è compromesso. Chi nasce neanche potrà più tentare di cambiare quello che chi l'ha preceduto non è riuscito a fermare e a mutare. In queste terre martoriate si riscontra l'ottanta per cento in più di malformazioni fetali rispetto alla media nazionale. Varrebbe la pena ricordare la lezione di Beowulf, l'eroe epico che strappa le braccia all'Orco che appestava la Danimarca: "Il nemico più scaltro non è colui che ti porta via tutto, ma colui che lentamente ti abitua a non avere più nulla". Proprio così, abituarsi a non avere il diritto di vivere nella propria terra, di capire quello che sta accadendo, di decidere di se stessi. Abituarsi a non avere più nulla.

GUERRA

Sindrome Vollmann

Ho incontrato William Trevor Vollmann una volta in Costiera amalfitana. Vedere Vollmann in Costiera amalfitana, per me che avevo letto tutto quanto era stato pubblicato di lui in Italia, era come incontrare Mike Tyson in un palchetto della Scala di Milano. In realtà il talento di Vollmann coincide con l'arte più vera e ambigua del narratore di razza, riuscire a trasformarsi senza confondersi, esserci nelle situazioni più diverse pur restando uguali a se stessi. Un occhio che si coinvolge e si camuffa per comprendere ma che non riuscirà mai a essere fino in fondo ciò che vuole conoscere. E quindi lo racconta.

Vollmann era a Ravello con Antonio Moresco, invitato da Antonio Scurati. Davanti a un pubblico fatto soprattutto di turisti estivi, venuti per passare una serata diversa dalle solite pizziche, concerti e spettacoli di comici. Vollmann e Moresco iniziano a leggere le loro pagine. I turisti rumoreggiano e cominciano a parlarsi nelle orecchie, poi a stento riescono ancora a star seduti. Si stropicciano le schiene sulle sedie, si agitano. Prima di allora la letteratura per loro era qualcosa di rassicurante da ascoltare al pomeriggio, in vacanza. Ora hanno fastidio, sono inondati da troppa crudezza, costretti a venire ai ferri corti con la ferocia e con la storia. Una signora inizia a ondulare sulla sedia, poi si sbilancia tutta verso sinistra e infine sviene. Le parole ascoltate l'avevano fatta sentir male.

Più tardi, mentre Fabio Zucchella, direttore di "Pulp", intervista Vollmann chiedendogli che idea abbia della letteratura, Vollmann gli risponde di aver appreso poco tempo prima cosa volesse realmente dalla scrittura e che fino ad allora non lo aveva capito: «Far svenire quella signora che si aspettava dalle parole un momento di elevazione, invece il suo corpo non ha resistito. Le parole le sono entrate dentro. Questo voglio».

Poi si avvicina al suo orecchio e gli dice: «Ma qui dove posso trovare le nigeriane?». Zucchella risponde che lui è di Pavia, non ha la più lontana idea di dove si possano trovare le nigeriane in Costiera amalfitana e che venendo da Napoli non ne ha vista nessuna sul ciglio della strada. Allora Vollmann ribatte sprezzante: «Una città senza puttane nigeriane non merita di essere visitata». E si trovava in uno dei posti considerati tra i più belli al mondo.

Vollmann, che oggi ha quarantotto anni, racconta ciò che è storia e umanità e di quest'ultima sonda ogni cosa. Nulla di ciò che è umano gli è estraneo. Ora esce in Italia *La camicia di ghiaccio*, un libro che sembra essere un delirio. Ed è un meraviglioso delirio. Ma composto di storia mitica e di vicende sconosciute. Un libro incredibile, il primo di un progetto più ampio, quello di scrivere la storia degli Stati Uniti d'America. E Vollmann parte da lontano: dall'anno Mille, quando il continente americano fu incontrato dai vichinghi. Quando la genia di Erik il Rosso conquista il nuovo continente. Molto prima di Colombo, l'Europa scoprì il continente americano e poi decise deliberatamente di abbandonarlo. Furono i norvegesi ad aver conquistato la Groenlandia, oggi autonomo territorio danese. I norvegesi, navigatori abilissimi, scoprirono l'America e la chiamarono "Vinland", ossia qualcosa di traducibile come "il paese dell'uva". Ovunque vedevano viti selvatiche e questa cosa determinò l'immaginario scandinavo. I pellerossa, i norvegesi li chiamarono "selvaggi disgraziati", ossia *skraeling*. Ai norvegesi sembravano bestiali, perché mangiavano midollo di cervo, vestivano pelli di animali e combattevano in maniera primitiva. Ci furono diverse battaglie tra i norvegesi e i pellerossa. Ma i vichinghi, quando esaurirono la prima spinta coloniale, lasciarono Vinland-America e tornarono nei territori scandinavi del Nord. Da allora per altri circa cinquecento anni l'America tornerà continente sconosciuto al resto del mondo.

Vollmann racconta in un vasto ciclo di romanzi detto dei *Sette Sogni* il millennio di storia d'America prima della colonizzazione europea, viaggiando anche fino al Circolo polare artico, a settecento chilometri dal più vicino centro abitato, per approfondire le migrazioni del popolo eschimese.

La camicia di ghiaccio è una sorta di saga, dedotta dai testi degli etnologi e degli storici e resa mito proprio dalla narrazione come romanzo. Il quoziente d'invenzione non sta nelle vicende, ma nel collante mitico usato nel montaggio della storia. Vollmann concepisce i suoi libri storici attraverso le vicende che racconta come se le avesse davanti agli occhi, come se fosse un vecchio pastore dinanzi al fuoco che tramanda alle nuove generazioni avvenimenti persi nella notte dei tempi. Un libro densissimo è *La camicia di ghiaccio*. Vollmann è uno scrittore di libri colmi di pagine, è forse lo scrittore più prolifico di pagine al mondo: «Scrivo anche diciotto ore di seguito». Soffre da anni della sindrome del tunnel carpale. Un dolore lancinante ai polsi dovuto alle molte ore passate a scrivere al Pc. Vollmann è interessato a raccontare lo spazio tra la storia dell'uomo e la distesa immensa della storia dell'umanità. Tra il concretissimo quotidiano e le vicende che attraversano le epoche. E spesso la mediazione tra questi due ambiti è il mito.

In un altro libro, *Afghanistan picture show, ovvero come ho salvato il mondo*, Vollmann racconta di quando ventenne parte volontario per combattere al fianco dei mujaheddin afgani contro le truppe sovietiche. Parte per Kabul per sparare e credere in qualcosa. E per capire l'Islam. È uno scrittore dentro la storia. In fondo il modo migliore per uno scrittore di fare il suo mestiere è quello di fare il mestiere degli altri. E in questo Vollmann è bravissimo. Nei suoi libri reportage è lì, calato in mezzo alla realtà esplorata. Così come nei romanzi storici è presente dando visione ai dati e raccogliendo le testimonianze ma frullandole nella sua voce. Sempre al presente. Un libro inedito in Italia, *Europe Central*, scandaglia attraverso una struttura di racconti la devastante guerra tra la Germania e l'Urss. Narrativizza la storia. Si fa interprete dei dati che raccoglie, delle bibliografie che divora. Non fa un romanzo storico quanto piuttosto un racconto epico dove la trasformazione delle vicende di uomini singoli in vicende mitiche è la cifra centrale della sua letteratura.

Vollmann vive da sempre una simbiosi con la propria scrittura, come una malattia presa da lontano da Senofonte, lo storico che era stato mercenario, per il quale si può raccontare solo ciò di cui si conosce tutto. Eppure, come precisa Antonio Scurati nell'aletta de *La camicia di ghiaccio*, Vollmann assottiglia i confini tra realtà e immaginazione, verità e falso, che nel nostro tempo non possono più essere valutati secondo i canoni di invenzione e dato, verificabilità e finzione. E quindi il lettore capirà che ciò che sta leggendo è una verità trasformata in visione. C'è il dato, ma capace di trascendersi in mito che non è la negazione della storia, ma la sua sublimazione in novella storica, racconto, parola letteraria. In fondazione di un pensiero da tramandare. Del suo progetto *Rising Up and Rising Down*, folle come tutti i suoi progetti letterari, le quattromilacinquecento pagine complessive dedicate a una storia della violenza (in Italia ne è uscita un'antologia, *Come un'onda che sale e che scende*), Vollmann dice: «Ho tentato di creare una sorta di algoritmo morale per calcolare quando un particolare atto di violenza è giustificato o meno.

La violenza è sempre sangue o numero, e a volte è talmente vasta che non la vediamo». E anche *La camicia di ghiaccio* è colmo di battaglie e confronti, di riflessioni sulla terra, sui nobili cavalieri e su brame di conquista. «Ho sparato per uccidere e mi hanno sparato addosso, ho ascoltato la solitudine di molti uomini: so tante cose della violenza.»

Raccontare la miseria dell'uomo, la tossicodipendenza, le puttane, lo sfruttamento bieco, non significa essere attratti dall'abbietto, o decantare il degrado. Ma vedere con più chiarezza il proprio tempo e attraverso le tracce del presente ricercare come un archeologo le sedimentazioni del passato lì dove l'uomo rimane identico, nella brama di potere, nel sangue, nella conquista.

Perché Vollmann abbia deciso di giocarsi la propria vita iniettandosi eroina per capire l'eroina, di sparare in Afghanistan per capire la guerra e l'Islam, di perdere la vista sulle bibliografie della storia americana, di esporsi tra le strade dei cecchini a Sarajevo, lui stesso lo motiva in questo modo: «Da piccoli, io e mia sorella andavamo spesso al lago insieme. Lei aveva solo sei anni, io nove, e toccava a me badare a lei. È stata colpa mia se un giorno è annegata, perché mi sono distratto. La sua morte mi ha fatto pensare che non sarei mai più potuto diventare una persona buona, e probabilmente è per questo che tento sempre di aiutare la gente e provo compassione per i perdenti: perché anch'io mi sento un perdente, da quando ho commesso quel tremendo errore». Lo scrittore non può essere una persona buona, e spesso arriva a decidere di scrivere proprio per l'incapacità di esserlo, ma per questo può raccontare con il senso di colpa di non poter mutare le cose e con la speranza che la sua indiretta azione possa in realtà moltiplicarsi nelle coscienze e nelle visioni dei suoi lettori, che quindi possano agire in sua vece o al suo fianco creando l'ultimo sogno di una comunità che comprende, sente, cammina. E vive.

Apocalypse Vietnam

Dispacci è un romanzo di guerra. Scritto con i caricatori. Un romanzo sul Vietnam, un romanzo-reportage, un romanzo dove lo stile è letterario, ma la materia è realtà, dove il metodo è quello di una ricerca fatta con gli occhi, le sensazioni, i dati, le percezioni, le interviste, la partecipazione alla battaglia, il vomito, l'allegria, il cinismo, la crudeltà, l'euforia, la dannazione. Il mezzo è la scrittura e il metodo della scrittura è lo sguardo umano.

Michael Herr va in Vietnam da scrittore e non da giornalista. Per i soldati, a cui tiene a fare questa precisazione, non sembra esserci alcuna differenza. Tanto è un mestiere ugualmente da imboscati. Andare in guerra da scrittore significa andare senza un compito preciso, senza dover tornare indietro con una notizia o un dato certo. Tornare anche senza niente, con solo un mucchio di sensazioni. Non scrivere nulla o scrivere solo dei dettagli. Studiare le mappe militari, capire il congegno di un mitra, stare a parlare per ore con un soldato, leggere le carte di un'operazione. Mettere tutto questo insieme all'odore del napalm e al bagliore improvviso dell'aurora nel Sudest asiatico. Questo è il reporter-scrittore come Herr aveva in testa di fare. E così fa. Raccoglie, osserva, macina, frulla tutto insieme nella sua scrittura. Dieci anni ha impiegato per scrivere *Dispacci*. E dopo *Dispacci* niente più. Mai più un altro libro. Forse perché, come scrive John le Carré, è il più bello mai scritto sulla guerra dopo l'*Iliade*.

«Il giornalismo convenzionale non poteva illuminare questa guerra più di quanto la potenza di fuoco convenzionale potesse vincerla, tutto ciò che poteva fare era scegliere l'evento più denso di significati del decennio americano e trasformarlo in un budino massmediale, prenderne la storia più palese e incontestabile e truccarla da storia segreta. E i migliori corrispondenti sapevano questo e altro...» dichiara Herr.

Il Vietnam è la guerra più presente nelle nostre menti, nel nostro immaginario. Più della Seconda guerra mondiale, più della guerra dei Trent'anni e della guerra dei Sei giorni, più delle guerre puniche e delle guerre napoleoniche, più della guerra civile spagnola e di quella americana, molto più di qualsiasi conflitto venuto dopo: dalla Somalia alla Bosnia, dall'Iraq all'Afghanistan. E forse persino più della madre di tutte le guerre contemporanee, quella che non a caso ancora viene chiamata la Grande guerra. Perché allora c'erano Céline e Jünger, Remarque e Barbusse, Lussu e Slataper e tutti i grandi poeti inglesi, ma non c'era la potenza di fuoco della grande cinematografia americana. Niente *Apocalypse Now*, *Full Metal Jacket*, *Il cacciatore*, *Hamburger Hill*, *Rambo*, *Good Morning Vietnam*, *Platoon*.

La guerra del Vietnam smentisce la frase pronunciata da Hermann Göring durante il processo di Norimberga: «La storia la scrivono i vincitori». La guerra del Vietnam è stata scritta esclusivamente dagli sconfitti. L'unica guerra persa dagli Stati Uniti è diventata la guerra più rappresentata, al punto tale che Vietnam è un nome pronunciato esclusivamente accanto a quello della nazione che l'ha aggredito, invaso, devastato e che infine si è ritirata sconfitta. E questo racconto della sconfitta e della vergogna, per la prima volta nella storia dell'umanità, diventa epica: perché il cinema di Hollywood oggi è l'unico strumento che riesca a costruirla.

Ci ha provato per mezzo secolo con la Seconda guerra mondiale, la guerra vittoriosa, la guerra giusta, eppure se pensiamo alla guerra, vediamo gli elicotteri di *Apocalypse Now* e il volto sfatto di Marlon Brando, udiamo il clic della roulette russa del *Cacciatore*, sentiamo i marines che cantano «Topolin, Topolin, viva Topolin». Se si rendono epici non gli spartani che alle Termopili si sacrificano per rallentare l'avanzata dell'esercito persiano, non i serbi battuti dall'impero ottomano sulla piana del Merli, non il massacro degli indiani Sioux a Wounded Knee, ossia l'eroica resistenza di qualsiasi piccola nazione o tribù, ma si trasforma in epica la sconfitta proprio delle truppe imperiali ed è lo stesso impero a crearne il racconto, allora significa che davvero qualcosa è cambiato.

Se si raccontano le contraddizioni di quel che accade ai soldati che si trovano in un inferno di afa torrida e insetti, di giungla e imboscate da parte di un nemico invisibile, comunque così estraneo che non saprebbero distinguerne i volti, decifrare i suoni della lingua, leggere la mimica e i gesti più elementari, ogni cosa che accade a questi uomini vale per se stessa, rimane nuda e cruda, non trova più il suo posto entro la cornice di un significato. La guerra non significa più niente, nemmeno la propria assurdità, neanche la denuncia di se stessa in quanto orrore, in quanto male. La guerra persa forse corrisponde soltanto al resoconto di una perdizione.

Eppure trovarsi rasoterra, al grado zero, offre allo scrittore che ne abbia la capacità e il coraggio un'enorme opportunità di misurarsi, testimoniare, raccontare e basta. È quello che riesce a Michael Herr. *Dispacci* è un libro dalla storia bizzarra. I due capolavori cinematografici sulla guerra contro i vietcong, *Full Metal Jacket* di Stanley Kubrick e *Apocalypse Now* di Francis Ford Coppola, ne hanno tratto spunto. Anzi di più: Michael Herr ha collaborato alla sceneggiatura di entrambi. Due film antitetici sulla stessa guerra, due punti cardinali dell'immaginario – qui le grandi inquadrature, i colori lividi e sgargianti, l'apocalisse psichedelica e barocca, lì l'algida geometria che si dissolve in un delirio circoscritto, in un massacro da camera di un piccolo villaggio nella giungla – sono spuntati dalla costola dello stesso autore e dello stesso libro. Ancora oggi i soldati americani vengono addestrati guardando questi film, ficcandosi in testa le immagini che scorrono, immagini portate a galla da una stessa miniera che è *Dispacci*. E quella miniera fatta di parole rimane comunque più ricca di entrambe le pellicole colossali. Perché è scritta da chi in Vietnam ci è stato. Ma anche perché la grande epica, persino un'epica della sconfitta, un qualche senso a quel che raffigura deve darlo, fosse anche quello della fine del mondo o della distruzione sistematica della persona umana.

Herr no, Herr resta giù nella sua miniera vietnamita e non fa altro che raccogliere e inanellare ciò che vede: terrore animale e crudeltà insensate, oscenità e disperazione, stordimenti e morte. Tutte le contraddizioni di quei ragazzi poco più giovani di lui può prenderle e sbatterle sulla pagina senza cercare di farle quadrare. Mettendo insieme due dei più grandi film mai girati e confrontandoli con un solo libro di trecento pagine, capisci quel che può fare la letteratura e il cinema no: tenere conto di tutto, anche solo raccontando, e tanto basta per vedere la complessità. Un'opera letteraria unica in grado di non rinunciare al meccanismo del reale e di mantenere una bellezza di descrizioni e ritratti che pochissimi hanno saputo conciliare con il racconto degli orrori e del degrado.

Dalle prime pagine esplode una sorta di rabbia della scrittura. Ma non è una rabbia di stomaco, è qualcosa che viene da più lontano. Herr va in Vietnam, in una guerra dove non si può non stare da una parte, e racconta dei soldati che vanno a crepare nei modi più atroci per le ferite più terribili. Racconta di vedere colpi di mitra contro dei blindati e si chiede, guardando i fori dei proiettili contro questi mezzi corazzati, cosa faranno quei proiettili contro un uomo. Non racconta più la ferita, ma la condizione umana. La condizione umana che in guerra è condizione di una parte. Ho sempre amato Senofonte per questa sua parzialità. Perché riconosce che lo sguardo di chi racconta può essere onesto se si dichiara parziale e soprattutto perché per raccontare i mercenari greci si fa lui stesso mercenario. Herr con questo libro solidarizza con i marines perché è la parte che ha scelto, e non la parte che ha preferito. Perché bisogna avere una prospettiva iniziale. «Noi non piangiamo gli assassini che uccidono le famiglie vietnamite» gli diranno alcuni politici democratici. E Michael Herr risponderà: «Quando mai voi democratici siete riusciti a piangere per qualcuno?». Questa visione che ci si possa porre da un punto di vista morale equanime ed equidistante, discernendo tra torto e ragione, bene e male, in *Dispacci* viene radicalmente contestata. Esistono solo parti, guerre, idee, scelte politiche, insomma esistono le cose che devono essere raccontate, affrontate e scelte di volta in volta, senza pretendere di stare dalla parte del giusto. O del torto. E questo è un libro che insegna come trattare questi temi, temi che forse non sono altro che campi di prova estremi che ti insegnano come bisogna porsi da scrittori.

Michael Herr arriva a dire delle frasi secche che, per chi vuole trarre le parole dal vissuto, valgono più di vari saggi d'estetica: «Ti comporti come si deve e basta». La condizione della guerra è una condizione disumana dove tutto è sospeso. E questa sospensione è il laboratorio della scrittura. È forse per questo che *Dispacci* mi ha accompagnato come un'ossessione. Una scrittura che fa di tutto prova, degli sfoghi, delle crisi di nervi dei soldati che non ne possono più, della storia di un soldato afroamericano che si masturba quaranta volte consecutive, degli eccessi di alcol, sesso e droga che anche se ti ammazzano, sono l'unico modo per sopravvivere. O il suo raccontare i morti, i morti ammazzati, l'impatto dei proiettili sul corpo, come se i proiettili dessero una nuova espressione al corpo traforato. «Quando fissi un morto ammazzato dai proiettili non lo dimentichi più» ti dice. Dovrebbe essere scontato vedere i morti in guerra. Ma la qualità di Michael Herr è quella di non essere mai cinico, mai il duro che tutto sopporta senza dar segno di cedere in nessun caso. Il chirurgo della parola. È semplicemente troppo vicino alle cose raccontate per esserlo, ai corpi massacrati e ai loro miasmi, allo schifo, alla follia.

Questo libro è bellissimo perché soltanto un calco dell'orribile può far comprendere che se anche lui, il lettore, si fosse trovato in quella situazione, se anche lui avesse deciso di vivere in quel modo, anche lui avrebbe potuto fare quelle stesse cose. Oppure il non farlo diviene una decisione più del corpo che della morale. «Come fai a sparare alle donne e ai bambini?» chiede un reporter di guerra a un soldato. La risposta di *Dispacci*, "è facile: non ci vuole mica tanto piombo", in *Full Metal Jacket* diviene "è facile: corrono più lentamente" e sull'elicottero il reporter si mette a vomitare. Herr trascina il lettore in guerra. Ma per davvero. Non gli restituisce solo le immagini, ma i comportamenti. Il lettore non sente solo il puzzo del sangue e del napalm, ma sente lui stesso la rabbia e la paura, sente come sarebbe stato feroce, sente come è l'uomo quando per sopravvivere deve smettere di essere uomo. Se non avessi letto *Dispacci* non avrei mai potuto scrivere quello che ho scritto. Ma questo sarebbe stato un danno minore. Invece se non avessi letto *Dispacci* non avrei capito nulla della vita che faccio. La condizione umana della guerra è la stessa da sempre.

Dalle guerre puniche alla guerra del Golfo. Ma nei dettagli tutto muta ed è lì che la voce dello scrittore diviene necessaria. In *Dispacci* c'è azione continua, soldati che incontrano soldati, soldati che smettono di essere uomini, superano la condizione umana e superano gli obiettivi che neanche loro immaginavano di poter raggiungere. Nessuno dei marines crede davvero di combattere il comunismo andando in Vietnam, nessuno crede sia una guerra per portare la democrazia agli schiavi di Ho Chi Minh. Ma questa non è una buona ragione per non combattere e morire. Si ammazza nel momento in cui ci sono dei nemici. Ci sono delle operazioni dove si va verso una morte certa e sarebbe possibile scappare. Ma i marines non scappano. Si muore e si combatte per i propri fratelli in armi. È il desiderio di giocarsela tutta.

"Saigon merda" inizia *Apocalypse Now*. Ma quella merda veniva ricercata da chi partiva volontario per il Vietnam. Chi cercava il rischio della morte come modo per vedere sin dove arriva la possibilità umana. A Michael Herr non interessa raccontare una storia ben costruita e commentata, digeribile dall'informazione con la scusa del "faccio bene il mio mestiere, sono rigoroso, cerco la distanza da ciò che scrivo per essere oggettivo". C'è forse stato un momento in cui ha detto: "Chi se ne frega. Non mi interessa se sbaglio, se posso passare per colluso. Racconto come funziona, racconto il puzzo delle scarpe coi piedi marciti dentro, le vesciche alle mani per i fucili, le perversioni. O il sorriso di un ragazzino sulla barella, con mezza gamba squarciata da una scheggia di mortaio e le mani ustionate. Che non piange, né strilla 'mamma'. Ma ride. Ride perché sa che quella gamba tranciata, le sue ferite, quel sangue che vede uscire a fontana, significano 'casa'. Ritorno, famiglia, America. Non più zanzare, proiettili, foresta pluviale, febbre, facce di vietcong. I sogni che non sono più sogni e poi gli errori degli ufficiali, e la droga che diviene il farmaco alla stanchezza e al dolore, o il nervosismo indotto nei soldati troppo calmi e quindi troppo buoni". Herr riesce a fissare in volto l'orrido e la bellezza, il piacere di combattere, e la divisa che ti fa apparire alle ragazze a casa più duro e forte di come sei davvero.

A Herr non interessa ricostruire una storia segreta. Vuole raccontare quel che è sotto gli occhi di tutti e nessuno però riesce a descrivere. Quella del Vietnam, grazie anche a Michael Herr, è divenuta la guerra persa non per i proiettili o la guerriglia dei vietcong, ma soprattutto perché è stata raccontata. Raccontare quella guerra per come è stata davvero significa distruggere ogni argomento che ha portato al conflitto, e segnare dove l'uomo perde la possibilità di essere uomo e la vicinanza tra soldati diviene l'unica legge di sopravvivenza. Vietnam, Vietnam. In fondo ci siamo stati tutti.

Questo giorno
sarà vostro per sempre

Hai già tutto in testa. Se conosci la storia delle Termopili, se hai da sempre guardato la trama degli scontri umani attraverso la vicenda dei trecento opliti spartani che nel 480 a.C. si opposero ai disegni di conquista dell'impero persiano.

Leonida e i suoi trecento uomini scelti tra i suoi più fidati combattenti, tutti (o quasi) con figli maschi in grado di garantire a ognuno di loro la discendenza. Al passo stretto delle Termopili tengono testa all'armata più grande che il mondo avesse mai visto, sperando che gli eserciti delle altre città greche trovino il tempo per organizzarsi e sapendo di morire.

300 è tratto dal fumetto di Frank Miller. Il fumetto è un gioiello. Uno di quei capolavori che ascrivi alla grande letteratura. *Graphic novel* infatti la definiscono, nome dato ai nuovi racconti di parole e disegni per i quali fumetto suonerebbe riduttivo. Miller racconta di uno scontro tra mondi, culture vicinissime per geografia e commerci, eppure di una distanza siderale. E il paradigma è quello di sempre, quello del bene e del male, della libertà e della schiavitù, dell'onore e del tradimento, della convenienza e del sacrificio. Frank Miller crea il suo Leonida così come ha creato i supereroi Batman e Daredevil, e la Persia di Serse è un'antica Sin City che avanza. La divisione è sempre manichea, il nemico è sempre strapotente, ma corrotto, strapotente perché corrotto, ma anche debole perché corrotto.

Le articolazioni elementari del bene e quelle del male portano a strade labirintiche. L'epica è questo. Un contenitore colmo di valori, leggende, miti, orgogli, legislazioni della morale, ordini della coscienza, creature della terra e del sangue in cui chiunque può riflettere se stesso, e a cui chiunque può decidere di accordare il senso del proprio quotidiano trovandovi la malta per sentirsi parte di una comunità. O può opporvisi per sempre. E la storia di *300* è tutto questo. Negli opliti spartani che si sacrificano per non far sottomettere la Grecia alla tirannide, è tramandato un momento sottratto per sempre al percorso della storia pur essendone parte integrante. La storia diviene epica, i fatti raccontati divengono fondativi di un immaginario e di una cosmogonia di valori. «Spartani, questo giorno è vostro per sempre» ricorda Leonida ai suoi opliti. La battaglia delle Termopili è un momento in cui trovare strumenti con i quali spiegare la vita. Capirla. Sintetizzarla. E l'epica ha un verso in cui si muove. Ha un vettore. Determinato da chi racconta la storia, e da quali occhi è stata scrutata, e quale stomaco l'ha digerita, e verso quali orecchi viene rivolta. Non c'è scandalo in questo. È la dialettica tra epiche diverse. Questa viene da Occidente, dallo sguardo di Erodoto rinnovato e riplasmato a propria immagine nell'infinità delle volte in cui in poesia, romanzi, drammi o, appunto, film e fumetto è stata rinarrata, sempre qui, in Occidente, un Occidente sempre più occidentale.

Gli Usa sono gli ultimi in grado di fare epica. L'epica si sedimenta e si crea quando è forte il senso di appartenenza a una civiltà e ancor più quando essa si sente minacciata. L'epica la fonda e la difende. In contrapposizione agli altri, ma non può essere che così.

Nessun europeo forse sarebbe in grado di fare un racconto cinematografico epico di questa potenza. Il muscolo, la terra, l'istinto. Per un italiano avrebbe un sapore troppo fascista. Invece Frank Miller, nell'enorme libertà visionaria con cui traduce Erodoto nel linguaggio yankee del fumetto, è riuscito a restituire la forza epica e il dato storiografico. E anche il film ci riesce.

Questo è strano: perché il libro di Frank Miller è arte, mentre la sua trasposizione su pellicola non lo è. Il film è più fumetto del vero fumetto. È grossolano, prevedibile, truculento. Ma pur con i mezzi e gli effetti speciali di un colossal hollywoodiano, in fondo resta grezzo e persino goffo, di una goffaggine da ragazzini. Perché è propaganda. Il prodotto di una superpotenza ferita che prova a fare la faccia feroce e non si rende conto di non somigliare per nulla alla Sparta in cui cerca di rispecchiarsi.

Però il film ti carica. Come se dietro la poltroncina del cinema qualcuno ti stesse girando la molla esattamente all'altezza del midollo. Quando il messaggero di Serse si reca a parlare con il re, con Leonida, offrendo a Sparta di divenire una satrapia autonoma dell'impero persiano attraverso un tributo di acqua e terra, Leonida lo invita ad andare a vedere nel pozzo più grande di Sparta quanta acqua ci sia.

«Questa è blasfemia, nessuno ha mai minacciato un messaggero, questa è pazzia» dirà l'ambasciatore.

E Leonida, puntandogli la spada sotto il mento: «Pazzia? Questa è Sparta». E un calcio al petto lo scaraventa nel fondo del pozzo. E anche la gamba dello spettatore deve farsi forza per non scattare. Quel gesto di Leonida fu un fallimento tattico, perché avrebbe risparmiato sangue, avrebbe mantenuto autonomia a Sparta e l'avrebbe resa alleata dell'impero più stabile, organizzato e pacifico del tempo. Eppure quel calcio insultante e irrispettoso diviene nel racconto epico il rifiuto di qualsiasi forma di sottomissione o compromesso.

Prima della battaglia finale Leonida, interpretato da Gerard Butler, incredibilmente identico a una pittura vascolare, urla: «Spartani, preparate la colazione e mangiate tanto, perché stasera ceneremo nell'Ade».

300 è un tripudio di violenza. Di teste mozzate, colli che si piegano spezzati da lame che si ficcano nella clavicola. Ma forse anche in questo mantiene una fedeltà alla verità storica oltre che all'imperativo del pulp. Guardando le centinaia di corpi degli Immortali, la guardia del re dei re, dell'imperatore di Persia, accalcarsi contro gli scudi della falange degli opliti, le lance ficcarsi nelle pance, corpi trafitti, muscoli scarnificati dalle ossa, occhi divelti, non poteva non salire alla mente un'equivalenza con le pagine di quello che continuo a ritenere uno dei maggiori scrittori di guerra di tutti i tempi, Lucano. Nel *Bellum civile* Lucano scrive che nei campi di battaglia si sguazzava nel sangue, la terra si allagava del sangue dei guerrieri. I combattenti crollavano quando ogni stilla di sangue era uscita dal loro corpo. Si svuotavano tagliuzzati e trafitti. E nel film i combattenti sguazzano nel sangue e i corpi si accatastano in muraglie di morte. E sembra quasi di sentire il puzzo di tanta carne morta e ammollata nella fanghiglia di sangue greco e persiano.

Lo spettatore invece non è toccato dai contorcimenti di budella degli antichisti che si sentiranno traditi per quell'impugnatura di spada, quel fregio dei pugnali, la trama e l'ordito delle stoffe, le irregolari ferite sul volto dei sovrani e sugli elmi degli opliti che non sono filologicamente accurati. Ma *300* è un film che possiede la potenza della rappresentazione, che crea un immaginario. Questo immaginario mediato dal fumetto di Frank Miller è in realtà sgorgato dal contatto stretto con le fonti storiche, dall'ispirazione dei dipinti vascolari. Ed è notevole la fedeltà alla storia e alla leggenda. I copricapi dei soldati persiani, gli elmi e gli scudi e persino le scene dove vengono mostrate le diverse etnie dell'esercito di Serse – dagli etiopi agli indiani, passando per i mesopotamici e i libici – aggiungono qualcosa di nuovo e più aggiornato alla verità storica, all'epica delle Termopili. Viene anche rappresentato per la prima volta ciò che non era mai stato considerato rappresentabile e difficilmente concepibile già nell'antichità. La *agoghé*, ossia l'addestramento umano e militare di ogni giovane spartano, dal quale torni guerriero o non torni più. Il film inizia con parole draconiane: «Quando fu in grado di reggersi in piedi fu battezzato al fuoco del combattimento».

A sette anni gli spartani erano sottratti alla famiglia e divisi in squadre; gli educatori dovevano temprarli soprattutto negli esercizi fisici, nelle privazioni e nelle sofferenze. Indossavano la stessa veste d'estate e d'inverno; portavano il capo scoperto e i piedi nudi, ricevevano un nutrimento assai scarso e, se non riuscivano a saziare la propria fame, potevano rubare. Ma se si lasciavano scoprire, venivano gravemente puniti, non per il furto, ma per l'incapacità di tenerlo celato. Dormivano su giacigli di canne, e una volta all'anno venivano flagellati a sangue.

La *agoghé* di Leonida si conclude con l'uccisione di un lupo, una creatura enorme e quasi mitologica che sembra passare al sovrano tutta la sua ferocia. Infatti in *300* ci sono anche i mostri, simili a comparse direttamente prelevate dal *Signore degli Anelli* di Peter Jackson, orchi e troll tolkieniani. Del resto lo stesso Erodoto, continuamente spaventato dalle dimensioni dell'armata nemica di cui racconta prosciugasse i fiumi per dissetarsi, la raffigura come così incommensurabile da divenire un grande corpo mostruoso. L'omaggio al *Gladiatore* è evidente. Campi di grano, filtri caldi, perché nell'epica cinematografica statunitense, proprio in quanto epica, tutto si richiama: *Il gladiatore*, e poi *Troy* e *Alexander*. Il regista Zack Snyder sembra aver scelto di stare con gli spartani come tra i banchi di scuola si decide di stare con loro o con gli ateniesi. Parteggia con un cuore ragazzino e quasi si sgomenta per le reazioni della diplomazia iraniana. Ahmadinejad mal ha sopportato come vengono rappresentati i persiani. Troppo crudeli, troppo schiavisti, persino troppo effeminati. Certo nel film non si racconta che la Persia era un partner politico che Atene e Sparta chiamavano in causa ogni qual volta si doveva contare su una tattica per distruggere il proprio nemico, né si racconta di uno degli imperi più pacifici della storia della civiltà umana. Ma è un film sulle Termopili. Detto ciò, l'esaltazione della morte, del supremo sacrificio come unico modo per accedere alla gloria, dovrebbe interessare Ahmadinejad e forse invitarlo a comprendere che c'è molto più in cui rispecchiarsi nei trecento opliti che negli ori fastosi di Serse e dei suoi persiani.

Le immagini corporee annunciano il sacrificio in ogni momento, sin dall'inizio quando Leonida si mette in viaggio con i suoi trecento per le Termopili e i mantelli rossi degli spartani sembrano un unico fiume di sangue. Quando un uomo delle avanguardie di Serse, con la faccia da palestinese, baffuto e scuro promette: «Le nostre frecce oscureranno il sole», lo spartano gli risponde: «Allora combatteremo nell'ombra». E stormi di frecce si catapulteranno sui trecento opliti di Leonida protetti solo dai loro scudi, in scene bellissime che vedono le coste dell'Asia minore colme di soldati. È un'alternanza di enormi scorci di battaglie e di paesaggi in cui irrompono le parole spesso setacciate da Erodoto e da tutte le fonti possibili. «Spartani! Arrendetevi e deponete le armi.» «Persiani! Venite a prenderle.» Questa è una frase che ronza nelle orecchie di chiunque sia invitato a deporre le armi dinanzi a un nemico. Da Casavatore a Caracas. Gli spartani di Leonida del resto non possono ritirarsi. Sparta non conosce questa possibilità nel suo codice militare e nelle anime dei suoi soldati. Sparta non fa prigionieri, non ha pietà e non conosce ritirata.

Leonida incontra Serse: è altissimo, almeno due volte Leonida, appare su un trono meraviglioso, con due tori dorati ai lati preceduti da due pesanti leoni. Serse cerca di convincere Leonida a passare tra i suoi uomini: «Immagina quale orribile fato attende i miei nemici, quando io ucciderei con gioia ognuno dei miei uomini per la vittoria». Leonida risponde: «E io morirei per ognuno dei miei soldati». Le due visioni degli eserciti si scontrano. Uomini al servizio di un dio-re contro combattenti comandati da un sovrano guerriero. Quando gli Immortali – la guardia di Serse – vengono infilzati, l'uomo che si ritiene un dio sente un brivido molto umano risalire lungo la schiena. Perché gli spartani non hanno scrittura e moneta, non hanno le biblioteche persiane, né gli astronomi mesopotamici, non hanno le geometrie né migliaia di popoli assoggettati. Ma pensano al racconto. E Leonida sa che senza racconto non resta niente del sacrificio.

E uno dei trecento, ferito a un occhio, viene inviato a Sparta, affinché racconti. E Delio racconterà la storia, una grande storia che parla di vittoria. Seppur si tratti del più atroce dei massacri. E non sai se sono stati gli effetti speciali, o i racconti che ti hanno formato da bambino, ma alla fine del film ti sale una voglia strana. Ti va di andare da tuo figlio, se ce l'hai. O di raccogliere per strada un ragazzino qualsiasi, prenderlo per un braccio e portarlo in qualche angolo dove l'Italia è ancora Magna Grecia, davanti al tempio di Poseidon a Paestum, o a Pozzuoli al tempio di Serapide, o dinanzi all'orizzonte marino del tempio di Selinunte in Sicilia, e raccontargli delle Termopili e di come trecento spartani, trecento uomini liberi, hanno resistito contro un'immensa armata di soldati-schiavi. E ti viene voglia di prendergli la testa fra le mani e urlargli, affinché non se ne dimentichi mai, le parole di Leonida: «Il mondo saprà che degli uomini liberi si sono opposti a un tiranno, che pochi si sono opposti a molti e che persino un dio-re può sanguinare». Con buona pace di Ahmadinejad.

NORD

I fantasmi dei Nobel

Essere invitati alla Svenska Akademien, l'Accademia di Stoccolma che dal 1901 assegna ogni anno il premio Nobel, mette addosso uno stato d'ansia sottile: impossibile scacciare il pensiero di essere ricevuti nell'ultimo luogo sacro della letteratura. Ma quando arrivo a Stoccolma, trovo una sorpresa. Tutto è coperto di neve. La neve l'avrò toccata al massimo tre volte in vita mia.

All'aeroporto sono tutti nervosi per la tempesta, invece a me uscire in quel bianco dà un senso di gioia infantile, anche se la temperatura è artica e il mio cappotto, buono per gli inverni mediterranei, in Svezia si rivela quasi inutile. La prima cosa che mi spiegano, non appena arrivo all'Accademia, sono le regole: severe, inderogabili. Bisogna indossare un abito elegante e ogni gesto dev'essere concordato. Gli accademici sono nominati a vita, diciotto membri che io mi figuro come ultimi aruspici che vaticinano il futuro delle lettere: venerati, odiati, mitizzati, sminuiti, presi in giro per il loro potere, corteggiati da tutto il mondo. Non riesco a immaginarmeli. Nella sala riservata incontro i primi due: un anziano signore che si è tolto le scarpe e una signora che cerca di dargli una mano a infilarsele di nuovo. Con un'eleganza naturale mi stringe la mano e poi mi dice: «Il suo libro mi è entrato nel cuore». Capisco presto che la Svezia è attentissima a ciò che accade altrove, il Paese che forse più di tutti al mondo sente le contraddizioni di altri Paesi come proprie. Alcuni accademici mi rivolgono domande sull'Italia, in un modo, però, che non mi sarei aspettato. Tutti, ma proprio tutti, mi chiedono di Dario Fo, di come sta e cosa sta facendo, e infine mi raccomandano di portargli i loro saluti, come dando per scontato che ci frequentiamo abitualmente.

E poi mi chiedono come sono considerati da noi Giorgio La Pira, il mitico sindaco di Firenze degli anni '50, e anche Danilo Dolci, Lelio Basso, Gaetano Salvemini ed Ernesto Rossi. Un'Italia dimenticata dagli italiani, che lì non solo ricordano ma considerano l'unica degna di memoria. Un signore si avvicina per mettermi il microfono, mi parla in italiano e io reagisco con stupore: «Perché si stupisce? Lei qui è al Nobel dove parliamo tutte le lingue del mondo».

Salman Rushdie aspetta già nella stanzetta riservata. Ci abbracciamo. La generosità che mi dimostra sin da quando ci siamo incontrati la prima volta è quella che nasce in chi non dimentica quel che ha passato. Vuole trasmettermi qualcosa di quel che ha imparato sulla sua pelle, vuole forse che io possa fare meno fatica a reimpadronirmi di qualche brandello della mia libertà, ma già comprendere di non essere solo con la mia esperienza per me è prezioso. Sembra incredibile. Quando ricevette la sua condanna, ero un bambino, andavo appena alle elementari. La sua *fatwa* khomeinista e le mie minacce camorriste nascono da contesti diversissimi, ma le conseguenze sulle nostre vite, le ripercussioni sulle nostre storie di scrittori finiscono per essere pressoché identiche. Lo stesso peso della prigionia che nessuno riesce a cogliere fino in fondo, la stessa ansia continua, la solitudine, lo stesso scontrarsi con una diffidenza che può divenire diffamazione e che è la cosa che più ti ferisce con la sua ingiustizia, che meno tolleri. Tutto quel che

Rushdie dirà nel suo discorso sulle difficoltà di attraversare una strada, prendere un aereo, trovare una casa, e tutto quel che rende impossibile una vita blindata, mi farà pensare: "È vero, è proprio così".

Discutiamo di come organizzare l'incontro. Anche qui le regole sono precise. Dopo esser stato invitato a parlare, devo fare la mia prolusione, non restare troppo tempo ad accogliere gli eventuali applausi ma tornare presto a sedermi. Poi sarà il turno di Rushdie, e seguirà un dialogo. Finito quello, non dobbiamo stringere la mano a nessuno né firmare libri, dobbiamo attraversare la sala e andare via. Quando tutto è chiarito, entriamo nella sala dell'Accademia. Me l'ero immaginata completamente diversa: un teatro enorme, sontuoso, un tripudio di palco e platea. Come ogni mito si rivela invece esattamente il contrario. Una sala in legno, deliziosa ed elegante, ma raccolta, intima. C'è una specie di recinto al centro, dove sono seduti gli ospiti, gli editori, i familiari, il segretario permanente dell'Accademia Horace Engdahl, più qualche selezionato giornalista.

Mentre Engdahl fa il suo discorso introduttivo, io mi sento pressappoco come quando aspettavo di discutere la mia tesi di laurea. Tutto ciò che hai preparato svanisce. Senti solo la testa vuota, il cuore in petto come un grumo ingombrante, la gola secca. Mi aggrappo ai discorsi di alcuni scrittori che hanno ricevuto il Nobel su quello stesso podio dove presto dovrò salire a parlare anch'io. Wisława Szymborska nel 1996 raccontava la forza capace di allargare i confini del mondo che hanno sia la scienza che la poesia. Isaac Newton non avrebbe mai scoperto la legge di gravità vedendo una mela cadere dall'albero, Marie Curie sarebbe rimasta una rispettabile professoressa di chimica, se non fossero stati ossessionati da una frase di sole due parole: "Non so".

Anche il poeta deve ripetere di continuo a se stesso "non so", diceva la Szymborska. "Il mondo, qualunque cosa ne pensiamo, spaventati dalla sua immensità e dalla nostra impotenza di fronte a esso, amareggiati dalla sua indifferenza alle sofferenze individuali, qualunque cosa noi pensiamo dei suoi spazi trapassati dalle radiazioni delle stelle – è stupefacente. Ma nella definizione 'stupefacente' si cela una sorta di tranello logico. Dopotutto, ci stupisce ciò che si discosta da una qualche norma nota e generalmente accettata, da una qualche ovvietà a cui siamo abituati. Ebbene, un simile mondo ovvio non esiste affatto." Penso alla vita di questa donna minuta che ha attraversato l'occupazione e la guerra in Polonia, che ha visto la sua patria diventare un satellite dell'impero sovietico e poi ha visto quest'ultimo crollare, penso alle sue parole capaci di collegare gli spazi stellari al linguaggio della sua poesia, "in cui ogni parola ha un peso, non c'è più nulla di ordinario e normale. Nessuna pietra e nessuna nuvola su di essa. Nessun giorno e nessuna notte che lo segue. E soprattutto nessuna esistenza di nessuno in questo mondo".

Sento che in quella stanza si sono depositate le sue parole, che vi sono rimasti, impressi nel legno, i discorsi di tutti coloro che hanno ricevuto il Nobel, di Saramago, Kertész, Pamuk, Szymborska, Heaney, Márquez, Hemingway, Faulkner, Eliot, Montale, Quasimodo, Solženicyn, Singer, Hamsun, Camus. Elenco nella mente quelli che ricordo, quelli che conosco meglio o ho più amato, quasi mi gira la testa, è una vertigine. Come avrà appoggiato le mani su quel palchetto Pablo Neruda? Pirandello avrà chinato il viso sugli appunti o avrà fissato in volto gli accademici? Samuel Beckett avrà sorriso o sarà rimasto imperturbabile? Elias Canetti a chi avrà avuto la sensazione di parlare, al mondo o solo a una platea? Thomas Mann, mentre era lì, avrà presentito la tragedia che dopo pochi anni avrebbe vissuto la sua Germania?

Cerco di respirare forte, un po' per calmarmi, un po' per fare come quando ti portano al mare da bambino e ti dicono che le scorpacciate di iodio inalate sulla spiaggia avranno il potere di proteggerti contro le influenze e i catarri dell'inverno. Così cerco di inalare le sedimentazioni di tutti quelli che sono stati in questa sala, sperando che anche loro mi aiutino a resistere all'inverno. Tocca a me. Salgo sul palco tanto temuto. Vorrei dire molte cose, portare più esempi di chi oggi stenta ad avere libertà di parola e di chi vive sotto minacce per aver dato fastidio al potere criminale: scrittori e giornalisti, dal Messico dove i *narcos* hanno ucciso Candelario Pérez Pérez, alla Bulgaria dove è stato ammazzato lo scrittore Georgi Stoev.

Ma mi hanno detto che non devo mettere troppa carne al fuoco, parlare troppo a lungo, e così mi concentro su quel che per me rimane l'esperienza più importante. La letteratura e il potere, la scrittura che diviene pericolo solo grazie a ciò che di più pericoloso esiste: il lettore. Spiego come nelle democrazie non è la parola in sé che fa paura ai poteri, ma quella che riesce a sfondare il muro del silenzio. Esprimo la mia fiducia in una letteratura in grado di trasportare chiunque nei luoghi degli orrori più inimmaginabili, ad Auschwitz con Primo Levi, nei gulag con Varlam Šalamov, e ricordo Anna Politkovskaja che ha pagato con la vita la sua capacità di rendere alla Cecenia cittadinanza nel cuore e nella mente dei lettori di tutto il mondo. La differenza fra Rushdie e me è questa: lui è stato condannato da un regime che non tollera alcuna espressione contraria alla sua ideologia; mentre laddove la censura non esiste ciò che ne prende le veci è la disattenzione, l'indifferenza, il rumore di fondo del fiume di informazioni che scorrono senza avere capacità di incidere.

A volte mi sembra di essere considerato uno che viene da un Paese troppo spesso e a torto valutato come un'anomalia. Ma quel che dico non ha a che fare solo col Sud Italia oppresso dalle mafie, e nemmeno con l'Italia in quanto tale. Per quanto a me questo sembri evidente, temo che per molti, tolti i riferimenti alla mia condizione, il quadro non sia altrettanto chiaro. Molti intellettuali, mentre rimpiangono la loro perdita di ruolo nelle società occidentali, continuano a considerare il successo con diffidenza o con disprezzo, come se invalidasse automaticamente il valore di un'opera, come se non potesse essere altro che il risultato dei meccanismi manipolativi del mercato e dei media, come se il pubblico a cui è dovuto fosse impossibile pensarlo diversamente da una massa acritica. È soprattutto nei confronti di quest'ultimo che commettono un torto enorme, perché se è vero che i libri non sono tutti uguali tantomeno lo sono i lettori. I lettori possono cercare di divertirsi o di capire, possono appassionarsi alla fantasia più illimitata o al racconto della realtà più dolorosa e difficile, possono persino essere la stessa persona in momenti differenti: ma sono capaci di scegliere e di distinguere. E se uno scrittore questo non lo vede, se non confida più che la bottiglia da gettare in mare approdi nelle mani di qualcuno disposto ad ascoltarlo, e ci rinuncia, rinuncia non a scrivere e pubblicare, ma a credere nella capacità delle sue parole di comunicare e di incidere. Allora fa un torto pure a se stesso e a tutti quelli che lo hanno preceduto.

Quando Salman prende la parola, ricorda che la letteratura nasce da qualcosa che è consustanziale alla natura umana: dal suo bisogno di narrare storie, perché è grazie alla narrazione che gli uomini si rappresentano a se stessi e quindi solo un'umanità libera di raccontarsi come vuole è un'umanità libera. Rushdie non ha mai voluto essere altro che questo, un tessitore di storie, un romanziere senza vincoli, e quel che più lo ferisce non è il verdetto di un'ideologia che non poteva tollerarlo, ma la diffamazione di chi, proprio nel mondo libero, voleva far credere che non potesse essere soltanto questa la sua aspirazione, che dovesse essere guidato da secondi fini: i soldi, la carriera, la celebrità.

Mi sale in gola una sorta di magone. Penso ai dieci anni blindatissimi di Rushdie e a come abbia fatto a non impazzire, penso che soltanto chi ha una vita molto riparata e tranquilla sia in grado di immaginarsi possibile un baratto fra l'ombra della morte e la libertà. Ma Salman continua senza scomporsi, termina il suo discorso e passiamo all'ultima parte di dialogo.

Alla fine, quando ci alziamo, ricevendo gli applausi del pubblico e degli accademici, ci consegnano dei fiori e io penso che i ragazzi della scorta mi sfotteranno per questa cosa considerata da signorine giù da noi. Ceniamo in una stanza dove sono passati tutti i premiati. Ci dicono che il cuoco è quello della regina, ma io quel cibo non riesco ugualmente quasi a mandarlo giù fino a quando non arriva un trionfo di gelato alla cannella e mele caramellate.

Finisce la cena. L'etichetta prevede che nessuno possa alzarsi sino a quando non lo fa il presidente. Ripassiamo per la stanza della premiazione. La sala di legno è vuota. Le luci sono bassissime. Rushdie mi dice, senza più l'ironia del suo discorso pubblico: «Continua ad avere fiducia nella parola, oltre ogni condanna, oltre ogni accusa. Ti daranno la colpa di essere sopravvissuto e non morto come dovevi. Fregatene. Vivi e scrivi. Le parole vincono». Saliamo sui legni del podio e ci facciamo fotografare con i nostri cellulari. Ridendo, abbracciandoci come se fossimo ragazzini in gita che hanno scavalcato le recinzioni e giocano a fare Pericle nel Partenone. Ci chiamano, dobbiamo uscire, prendere il caffè, salutare tutti e andare via.

Le luci si spengono completamente e resto lì fermo, al buio. E d'improvviso, come una decompressione forte, mi passa tutto in un vortice. Tutte le giornate passate in una stanza, le nocche sbattute contro le pareti, la diffidenza verso tutti, la sensazione che tutti mentano e tradiscano. Gli insulti, le accuse: troppo esposto, poco esposto, è tutto falso, è tutto costruito, quelli che senza vergogna dicono dovevi stare zitto, te la sei cercata, sei un furbetto, molti vivono come te non ti lamentare, è colpa tua, sei un divo, sei una merda, sei un cialtrone, sei un copione. Le scritte sui muri, gli sputi per strada, e tutte le persone che sono sparite alla prima difficoltà, gli amici pronti a giudicare le tue assenze mentre giocano alla Playstation, le loro pigrizie giustificate con la stagione del precariato. E poi invece penso a tutte le parole di vicinanza, a tutti gli inviti a cena che non ho potuto accettare, alle vecchiette che accendono i ceri a sant'Antonio per proteggermi, le firme, gli abbracci e le lacrime, le letture in piazza, la stampa internazionale, e gli scrittori di tutto il mondo che hanno voluto difendermi, e fra di loro quelli che sono stati qui per ritirare il premio Nobel. E lì al buio cerco ancora di raccogliere a pieni polmoni quell'odore di umido e di legno che sembra aver conservato tutte le presenze di chi è stato premiato in quella sala.

«Personalmente, non posso vivere senza la mia arte. Ma non l'ho mai posta al di sopra di ogni cosa. Mi è necessaria, al contrario, perché non si distacca da nessuno dei miei simili e mi permette di vivere, come quello che sono, a livello di tutti. Ai miei occhi l'arte non è qualcosa da celebrare in solitudine. Essa è un mezzo per scuotere il numero più grande di uomini offrendo loro un'immagine privilegiata delle sofferenze e delle gioie comuni. Essa obbliga dunque l'artista a non separarsi. Lo sottomette alla verità più umile e a quella più universale. E spesso colui che ha scelto il suo destino d'artista perché si sentiva diverso apprenderà presto che non nutrirà né la sua arte né la sua differenza, se non ammettendo la sua somiglianza con tutti. Nessuno di noi è grande abbastanza per una simile vocazione. Ma in tutte le circostanze della propria vita, che sia oscuro o provvisoriamente celebre, legato dai ferri della tirannia o temporaneamente libero di esprimersi, lo scrittore può ritrovare il sentimento di una comunità vivente che lo giustificherà, alla sola condizione che accetti, come può, i due incarichi che fanno la grandezza del suo mestiere: il servizio della verità e quello della libertà.»

Mi sembra quasi di poterlo toccare, Albert Camus, che ha pronunciato queste parole nel 1957, tre anni prima di morire in un incidente stradale. E vorrei ringraziarlo, vorrei potergli dire che quel che aveva detto allora, è ancora vero. Che le parole scuotono e uniscono. Che vincono su tutto. Che restano vive.

Discorso all'Accademia di Svezia

Per me ovviamente è emozionante stare qui e aver ricevuto questo invito. Quando ho saputo che mi era stato chiesto di venire in questo posto per parlare insieme a Salman Rushdie della nostra situazione e della nostra scrittura, ho pensato che questa è la vera protezione alle mie parole.

Mi chiedo se forse qui, in Svezia, sarà più complicato dare una risposta sul perché un libro possa far paura a un'organizzazione criminale. Perché la letteratura mette in crisi un'organizzazione che può contare su centinaia e centinaia di uomini e su miliardi di euro?

La risposta è semplice: la letteratura mette paura al crimine quando ne svela il meccanismo, ma non come accade nella cronaca. Fa paura quando lo svela al cuore, allo stomaco, alla testa dei lettori.

I regimi totalitari tendono a condannare e a denunciare qualsiasi opera e qualsiasi autore si ponga contro di loro. Il solo scrivere un libro, il solo scrivere dei versi, il solo scrivere un articolo, diventa condizione sufficiente per essere attaccati. Non così nelle società occidentali, dove puoi scrivere quello che vuoi, puoi urlare, puoi produrre quel che vuoi. Il problema sorge quando superi la linea del silenzio e a quel punto arrivi a molti. È in quell'istante che nelle società occidentali diventi bersaglio.

197

Una volta fu detto del capolavoro di Primo Levi, *Se questo è un uomo*, che dopo quel libro nessuno poteva più dire di non essere stato ad Auschwitz: non di non conoscere Auschwitz, ma di non esserci stato. Quel libro aveva immediatamente trasportato tutti lì, in quei luoghi. Ecco, in qualche modo, la cosa che più teme un'organizzazione criminale, che più temono i poteri, è proprio questa: che tutti i lettori sentano quel potere come il loro problema, che sentano quelle dinamiche di potere come dinamiche in cui sono coinvolti. È quanto è successo ad Anna Politkovskaja: tanti avevano raccontato della Cecenia, ma lei aveva reso la Cecenia un problema internazionale. Attraverso la sua scrittura aveva dato cittadinanza universale a un problema particolare.

Quando ti capita di ricevere una telefonata da parte dei carabinieri che ti dicono che la tua vita cambierà per sempre; o quando un pentito svela il periodo esatto della tua esecuzione, della tua morte, può sembrare strano, ma la prima sensazione non è quella che stai subendo qualcosa di ingiusto, di sbagliato. La prima domanda è: "Che cosa ho fatto?". Inizi a odiare le tue parole, inizi a odiare quello che hai scritto, perché quello che hai scritto magari arriverà anche lontano, ma ti ha tolto la libertà di camminare, di parlare, di vivere. Tutto questo genera una sensazione di straniamento. In qualche modo lo scrittore sente – parlo della mia esperienza – che le sue parole non sono più le sue parole, sono diventate le parole di molti, e che questo è il vero pericolo. Ma a pagare sei tu, a pagare sei tu soltanto.

La magia della letteratura, quel che può "combinare" la letteratura, si rivela spesso in situazioni estreme come quella, appunto, che ti porta a perdere la tua libertà per ciò che hai scritto.

Io penso spesso a Varlam Šalamov. Varlam Šalamov ha scritto un capolavoro, *I racconti di Kolyma*, e questo libro, come dire, non è soltanto un documento formidabile dei gulag, della persecuzione sovietica, ma dell'intera condizione umana. Paradossalmente, e questo non vi suoni ironico, ciò che fa paura al potere, ciò che fa paura anche al potere criminale, è proprio la letteratura quando non racconta soltanto i dati di fatto che lo riguardano, ma trasforma quelle vicende in storia della condizione umana. Non c'è più Napoli, non c'è più Mosca, non c'è più la Cecenia: queste storie diventano realtà che raccontano il mondo, e quindi il mondo non può più prescindere da loro e non puoi fermarle. Non puoi più fermare questo movimento, questo passaparola: perché puoi fermare lo scrittore, ma lo scrittore ha un alleato fondamentale che è il lettore. Fin quando esiste il lettore nulla può succedere alle parole di uno scrittore.

Quando succede di trovarsi in una situazione come la mia – visto da qui può sembrare strano – bisogna dire che la maggior parte delle accuse non le ricevi dalle organizzazioni criminali: quelle emettono una condanna e basta. Molte accuse spesso le ricevi dalla cosiddetta società civile. Ti accusano di essere un pagliaccio, una persona che si è messa in mostra, una persona che se l'è andata a cercare per avere successo, una persona che ha speculato su tutto questo.

Io resto spesso ferito anche dall'accusa di diffamare la mia terra, perché racconto queste sue contraddizioni. Sono invece fortemente convinto che raccontare significa resistere, raccontare significa fare onore alla parte sana del mio Paese, significa dare possibilità e speranza di soluzione. E che non è mai responsabilità di chi racconta, ciò che racconta. Non sono io ad aver generato le contraddizioni che racconto.

Le mafie in Italia fatturano cento miliardi di euro all'anno, sono una delle più grandi potenze economiche d'Europa, investono ovunque, anche in Scandinavia. Da quando sono nato hanno ammazzato circa quattromila persone nella mia terra, solo nella mia terra. Stiamo parlando di un'organizzazione che gestisce dal ciclo del cemento alla panificazione, alla distribuzione del carburante. Che è composta da capi che sono spesso medici, costruttori, psicanalisti, una borghesia imprenditoriale che sta avvelenando per sempre, attraverso il traffico dei rifiuti tossici, il Sud Italia.

Una volta ci furono delle scritte contro di me, nel mio paese. La cosa non mi fece soffrire in quanto so che capita ai personaggi pubblici di subire questi attacchi. Ma l'aspetto incredibile è che non c'erano mai state scritte contro chi invece era stato responsabile dell'aumento del cancro in quella terra, contro chi aveva massacrato quella terra, e quindi spesso mi sono chiesto: è mai possibile che uno scrittore sia ritenuto responsabile, che abbia una colpa per aver raccontato queste cose, e non sia data la responsabilità a chi le ha commesse?

Lo scrittore, in questo senso, ha un'immensa responsabilità: la responsabilità di far sentire quel che racconta, le storie che sceglie di raccontare, non come storie distanti, lontane. Ovvio che sto parlando di una particolare letteratura, nel mio caso, avendo io scritto una sorta di *non-fiction novel*, come diceva Truman Capote, si trattava di raccontare la realtà. Il compito dello scrittore è far sentire quelle persone, quel sangue, quei morti innocenti come qualcosa che appartiene al lettore svedese, russo, cinese, qualcosa che sta succedendo in questo momento, proprio quando legge quelle pagine.

Spesso mi si dice: ma come è possibile che sei ossessionato solo dal sangue, solo dalla ferocia? In realtà non è così: credo che chiunque abbia in cuor suo una concezione di cosa sia la bellezza, di cosa sia la possibilità di vivere liberi e di amare, non sopporta il puzzo del compromesso, la corruzione, la devastazione della propria terra.

Per questo mi piace dire, parafrasando Albert Camus: «Esiste la bellezza ed esiste l'inferno, vorrei – per quanto posso – rimanere fedele a entrambi».

Horace Engdahl (segretario dell'Accademia)

Vorrei ringraziarvi entrambi e penso che abbiamo avuto una splendida introduzione al nostro tema: su due livelli, come ha osservato Salman Rushdie – quello delle idee e quello delle ricadute pratiche.

Non so da quale dei due livelli cominciare, ma proviamo a iniziare dall'apice, dall'eterna questione della libertà di espressione e della libertà di stampa.

Voi credete – lo chiedo prima a Roberto Saviano e poi a Salman Rushdie – che il concetto della libertà di parola e dell'indipendenza della letteratura stia guadagnando terreno nel mondo di oggi o, al contrario, il suo dominio si sta restringendo?

Roberto Saviano

Credo che la percezione oggi sia di una enorme possibilità di comunicazione: attraverso il web soprattutto, attraverso televisioni libere, attraverso il fatto che degli inviati vengano connessi l'uno con l'altro in ogni angolo del mondo quando c'è un conflitto e non solo allora. Ma a fronte di questa enorme possibilità, emerge anche una difficoltà, vale a dire: quando c'è un'enorme quantità di informazioni, non è più possibile trovare quelle che ti permettono di capire.

Io credo che oggi questo sia il grande pericolo: c'è una massa enorme, incontrollabile, di informazioni e una altrettanto grande difficoltà di ricezione. Ecco perché la responsabilità e anche il pericolo ricadono su coloro che questa massa enorme riescono a districarla e a farne passare i nodi più cruciali.

Oggi, per esempio, moltissimi giornalisti vengono uccisi in Messico per la lotta che stanno facendo, con le parole, al narcotraffico. In un Paese dove spesso è molto facile corrompere la polizia, e altrettanto corrompere la stampa, coloro che raccontano le dinamiche del narcotraffico sono gli unici riferimenti per capire cosa sta accadendo veramente, e quindi diventano molto fragili.

Credo che in questo caso la responsabilità degli intellettuali dovrebbe essere quella di far comprendere che la percezione di avere a disposizione una grande messe di informazioni, che spesso ha il pubblico occidentale quando legge un giornale, quando entra in una libreria, quando guarda un film, è a suo modo ingannevole. La responsabilità dello scrittore dovrebbe essere quella di dimostrare il contrario: che molte cose non vengono raccontate, e non soltanto perché c'è una imposizione violenta, ma perché c'è l'impossibilità da parte del pubblico di accedere e di accogliere quel racconto.

Per la mafia è stato così per anni: è stata stereotipata nel racconto del *Padrino*, di Michael Corleone, di *Scarface*, rappresentata come qualcosa di glam, di feroce ma tutto sommato terribilmente affascinante, e il pubblico non voleva fosse raccontata in maniera diversa. A volte quindi è anche la responsabilità di chi ascolta a limitare la libertà di chi scrive.

Horace Engdahl

Vorrei chiederle una cosa. Lei ci ha descritto, penso assai bene, perché a suo modo la letteratura è più pericolosa del giornalismo: perché essa rende il mondo che dipinge e le vittime che rappresenta così insopportabilmente reali, ce le porta vicino. Quando ne leggiamo sui giornali o lo vediamo in televisione, tutto questo sembra accadere in un altro mondo, lontano, potremmo dire quasi su un altro pianeta, e accade a persone che non ci somigliano per niente, di modo che possiamo prenderne atto con flebile sgomento e non curarcene più di tanto. Ma quando la stessa cosa è portata alla nostra attenzione da uno scrittore forte, in grado di far accadere la sofferenza di queste vittime dinanzi ai nostri occhi, di renderci uno di loro, di farci identificare con loro, allora cambia tutto. Come lei ha detto, a quel punto non è più questione della Cecenia o di Mosca o di Napoli, ma tutti siamo lì per vedere. E questo è, io credo, l'effetto della scrittura testimoniale, come quella di Primo Levi: siamo tutti lì con lui nel campo di sterminio. E io trovo affascinante che in qualche modo le persone sotto minaccia per un libro come il suo *Gomorra* o come *I versi satanici*, siano in grado di percepirlo, in grado di percepire che questi libri sono molto più pericolosi per loro del modo comune di riportare le notizie. Anche se il giornalismo sembra essere più aderente alla realtà dei fatti, sembra inchiodare questa gente ai crimini commessi e alle proprie azioni, quel che è davvero pericoloso per loro è quando uno scrittore di talento si prende carico dell'argomento. E lo trasforma in qualcosa che accade ora, mentre leggiamo, nel momento esatto in cui apriamo il libro e per noi diventa vivo.

Lei pensa sia per questo che la camorra la odia? Perché scrive così bene?

Roberto Saviano

Può sembrare paradossale, ma in fondo se io avessi scritto un saggio, o se avessi scritto un romanzo, e non avessi deciso di far confluire in un unico letto questi due fiumi, sicuramente sarei stato ignorato dal loro potere, dalla loro voglia vendicativa. Perché del saggio nel mio libro ci sono i dati, le informazioni, le intercettazioni, le inchieste; del romanzo c'è la leggibilità, il fatto di voler parlare al cuore del mio lettore, di non volerlo fare evadere, ma invaderlo. In qualche modo, la scrittura letteraria è pericolosa in quanto tale, proprio perché riesce, come si diceva, a coinvolgere ognuno nella storia che sta leggendo, e a rendere quella storia la sua storia. E anche sul piano dell'immaginazione credo che la letteratura abbia un potere in più.

Chiudo con un racconto proprio di Šalamov.

Šalamov si trovava in un gulag, e nella sua baracca avviene un'ispezione. La polizia chiede di consegnare tutta una serie di cose esterne al proprio corpo: gli arti artificiali, le dentiere, tutte le protesi. E allora fra questi prigionieri c'è chi si toglie la dentiera, chi si leva l'occhio di vetro, chi si smonta la gamba. Ma Varlam Šalamov è molto giovane, è sano, e quindi la polizia scherzando dice: «Tu cosa ci consegni?». E lui fermo: «Niente». Allora dice la polizia: «Tu ci consegni l'anima».

Šalamov risponde così, d'istinto: «No, io l'anima non ve la consegno». Al che quelli continuano: «Un mese di punizione se non ce la consegni».

«No, non ve la consegno.»

«Due mesi di punizione se non ce la consegni.»

«Io l'anima non ve la do.»

«Quattro mesi di punizione» che nei Gulag significa quasi la morte certa.

«L'anima non ve la do.»

Dopo i quattro mesi di punizione, Šalamov sopravvive e scriverà: "Io per tutta la vita non avevo mai creduto di avere l'anima".

Il demone e la vita

Sembra ancora di vederlo rinchiuso nel suo sgabuzzino letterario a vidimare pagine di racconti e demoni, di geometrie razionali stravolte dal dettaglio imprevedibile della più innocua forma di vita. Isaac Bashevis Singer avrebbe compiuto cent'anni nel luglio 2004, assomigliando così a un vetusto personaggio dell'Antico Testamento, uno dei suoi adorati, incapaci nonostante secoli di vita di comprendere il senso del vivere e di appagarsi di una pur parziale o minima verità ultima. Singer però, piuttosto che in un profeta, sempre più negli ultimi anni sembrò trasformarsi fisicamente in uno dei suoi piccoli demoni benevoli e terribili. Orecchie a punta, sorriso mefistofelico, testa glabra, occhietti vispi e tondi.

Una sua collaboratrice arrivò a dichiarare in un'intervista che non aveva mai visto l'ombra dello scrittore e che era certa si trattasse di un demone letterario. Nonostante il carattere delirante dell'affermazione, per Singer non vi fu mai complimento migliore di quello. Isaac Bashevis Singer nella sua vita ha costruito un'opera narrativa oceanica scritta in una lingua scomparsa, o meglio sterminata, lo yiddish. Una sintassi impastata di ebraico, polacco, tedesco, capace di accedere a sonorità complesse, a significati ibridi, la lingua dell'esilio composta dai fonemi della diaspora. Theodor Herzl, fondatore del pensiero sionista, immaginava una terra d'Israele dove tutte le lingue potessero esser parlate, poiché tutte appartenevano al patrimonio ebraico, fuorché lo yiddish che Herzl riteneva la lingua del ghetto, dell'emarginazione, la lingua creata per far comunicare gli esclusi, in breve una grammatica della vergogna. Per Singer e per migliaia di ebrei in esilio invece non fu così.

Dopo la fuga negli Stati Uniti nel 1935 per sfuggire alla persecuzione nazista, Singer non assunse nella sua penna la lingua inglese, decise di scrivere in yiddish prescegliendo la lingua degli *shtetl*, i villaggi di ebrei nell'est Europa. Il suo non è un amore verso il passato, non sceglie lo yiddish perché l'ha succhiato insieme al latte materno, né mantiene un legame con la terra polacca, che anzi non vorrà rivedere più per tutta la vita. A Singer interessa usare questo codice sedimentato di una civiltà in perenne esilio, una lingua in grado di tradurre nella forma del quotidiano l'intero bagaglio del Talmud e dei testi sacri. La lingua dei plebei coltissimi che interpellavano Dio, ovvero i rabbini dei paesini polacchi, romeni, ungheresi. Attraverso la lingua yiddish Singer accede alla ironica mitologia delle comunità *chassidim* e ne fonda lui stesso una nuova. Le sue pagine divengono così un florilegio di immagini e storie mutuate dalla tradizione ebraica, e la Torà e lo Zohar non sono semplicemente testi sacri, riferimenti religiosi, ma divengono i labirinti simbolici in cui tradurre la difficoltà della prassi del vivere quotidiano. Singer crea una teologia anarchica dove il rapporto con Dio e con la Legge è definito dall'infrazione, dall'errore, dall'eresia, da una continua riflessione che possa portare a trovare un impossibile bandolo, una inesistente chiave di volta, una seppur minima verità impossibile.

L'ebraismo piuttosto che una fede è, come l'autore stesso ha dichiarato, "un compromesso tra Dio e i demoni", e di questo compromesso è un esempio unico il capolavoro *Satana a Goray*.

Il romanzo racconta un episodio storico accaduto nella Polonia del XVII secolo quando la comunità ebraica tutta fu sconvolta dalle parole di fuoco di Sabbatai Zevi, profeta dell'avvento dell'era messianica. Dopo le persecuzioni, dopo l'esilio, la miseria, la tortura, i pogrom, Sabbatai Zevi finalmente proclamava al popolo ebraico l'arrivo del bene assoluto, del Messia risolutore: «Tutti si preparano senza riserve a seguire il loro Messia, abbandonando le dimore dell'esilio per l'utopia della Terra d'Israele». Singer racconta dal piccolo e rigoroso paesino di Goray della più grande e fascinosa delle eresie possibili che coinvolse milioni di ebrei dell'Europa dell'est e del vicino Oriente. Bisognava secondo Sabbatai Zevi dare fondo al peggio dell'essere uomo, trasgredire, sputare sui testi sacri, rigettare i precetti talmudici, rifiutare ogni autorità, sciogliere le famiglie, ripudiare i figli, giungere sino al grave ripudio della fede ebraica, spingersi nel fondo più lercio dell'abiezione per poter lasciare emergere dall'abisso un mondo nuovo, riconciliato, puro. Dall'abominio del mondo sarebbe nata la perfezione assoluta. Sabbatai Zevi genera il tempo dell'errore per accelerare il tempo della giustizia e della felicità totale. Ben presto però si scoprirà che Sabbatai Zevi è un falso Messia, non porterà con sé l'era messianica né gli ebrei alla liberazione. Tradirà se stesso e il suo delirante sogno di redenzione.

Singer è affascinato da questo falso Messia, pur essendo un intellettuale allergico ai sovvertimenti è ben cosciente che la forza maggiormente utile e positiva che la Legge può generare è proprio l'infrazione. Esiste un codice affinché possa esserci una negazione a esso e attraverso questa dialettica si possa generare una perenne possibilità di sviscerare mondi.

Satana a Goray venne scritto quando Singer viveva ancora in Polonia, e sembra essere un capitolo emendato della Bibbia nascosto dall'ultimo custode di una verità inconfessabile. Nonostante Sabbatai Zevi non sia stato un vero Messia, coloro che l'hanno seguito continueranno a inseguire il sogno di redenzione poiché più forte del creatore v'è la creazione.

Come Singer scrive nel libro *Ombre sull'Hudson*, "Dio ha bisogno che l'essere umano lo aiuti a portare il dramma cosmico a un finale benefico". La letteratura così diviene una strumentazione divina capace di almanaccare mondi all'interno dell'unico mondo possibile, che senza dover passare per Leibniz facilmente riconosciamo come quello che siamo costretti a vivere. Gimpel, leggendario personaggio di *Gimpel l'idiota*, riconosce che "questo mondo è del tutto immaginario, d'accordo, ma è parente stretto di quello vero" e proprio per questa parentela non rimane da fare altro che considerare la forza della fantasia come un elemento fondante del reale.

La vicenda di Gimpel è assai semplice. Fin da bambino viene ingannato da tutti, compagni di scuola, compaesani, grandi e piccoli per la sua credulità e per questo gli resta attaccato, tra i vari soprannomi, quello di idiota. Gimpel si fa infinocchiare non perché sia stupido, ma perché è convinto che "tutto è possibile, com'è scritto nelle Massime dei Padri". L'inganno cui è sottoposto continua anche nella sua vita adulta: viene convinto a sposare la donna più disonesta del paese, la quale gli farà credere di amarlo, poi gli si rifiuterà e nel frattempo metterà al mondo ben sei figli da altri uomini. Ma Gimpel non cova nel suo cuore la vendetta, ama la moglie, i figli non suoi, i vicini, aiuta persino chi lo tradisce. Il rabbino, infatti, una volta gli aveva dato un consiglio: «È scritto: meglio essere sciocchi tutta la vita che malvagi per un'ora».

La tentazione però si insinua anche nel suo cuore buono. Gimpel, che faceva il panettiere, avrebbe potuto ingannare tutti, rifacendosi delle beffe che aveva subìto per tutta la vita, impastando la farina, anziché con l'acqua, con il suo piscio raccolto in un secchio durante il giorno. Si lascia convincere dallo Spirito del Male che lo inganna assicurandogli che nel mondo di là non c'è Dio, c'è solo un "profondo pantano". È un momento solo di debolezza ma subito dopo Gimpel ci ripensa, sotterra il pane già cotto, lascia tutto e volendo riparare a quel cedimento diventa mendicante e gira per i paesi raccontando storie. Si prepara così alla morte. "Senza alcun dubbio, il mondo è completamente immaginario, ma una sola volta viene rimosso dal mondo reale... Quando il momento verrà, me ne andrò con gioia." Gimpel dice di sì alla vita.

Attraverso *Gimpel l'idiota* Isaac Bashevis Singer sembra rispondere al Bartleby di Melville o al Michael K. di Coetzee, i signori del no vengono affrontati e sconfitti dall'idiota signore del sì. Lo *shlemiel* (sciocco, in yiddish) è colui che rigetta l'astuzia del vivere, il mercanteggiare del pensiero, e vive essendo soltanto ciò che è. E di questa pace, pagata con il prezzo dell'insulto, Gimpel diviene il paladino. Il no invece sembra essere nella somma delle riflessioni singeriane come un legame troppo silenzioso con il mondo reale. E il silenzio è il peggior modo per essere uomo, una prigione incapace di cogliere le versatilità sublimi e immonde dell'essere al mondo.

Singer non segue la massima di Adorno, secondo cui dopo Auschwitz non c'è più posto per la poesia, né il tuffo suicida di Paul Celan nella Senna, e neanche crede come Primo Levi che se c'è Auschwitz non può esserci dio. Pur avendo perso il fratello più piccolo e la madre, inghiottiti dalla deportazione, Singer coltiva ancora la voce come una resistenza contro l'odio, che spinozianamente crede non possa generare nulla di buono, anche se nasce da motivazioni giuste.

Nei romanzi di Singer così continua a vivere il mondo yiddish cancellato nella lunga notte della shoah. Per tutta la vita lo scrittore avrà difficoltà enormi nel far riferimento alla propria tragedia familiare, che coverà nel fondo di sé come un'ulcera aperta senza sperare di poterla rimarginare.

Il racconto *Il manoscritto* mostra bene ciò che la letteratura può significare nella disperazione. Alcuni ebrei sopravvissuti in città cancellate da bombardamenti e in attesa della deportazione chiedono a Menashe una conferenza su argomenti letterari, perché "così è la gente: un attimo prima della morte ha ancora tutti i desideri di chi vive".

La letteratura in Singer, è indubbio, somiglia sempre più a un urlo di vita. La deportazione e lo sterminio non gli mostrano una parte oscura dell'uomo, Singer sa bene cos'è la belva umana ed è toccante il modo in cui rappresenta la cosa attraverso i due demoni Shiddà e Kuziba, che pregano con tutta la loro forza per difendersi da quel mostro che è l'uomo.

Proprio i demoni sono le creature letterarie a cui ci si affeziona di più leggendo le pagine di Singer, come scrive Giuseppe Pontiggia: "È innegabile che noi non crediamo ai folletti ma crediamo a quelli di Singer. Non crediamo ai demoni... ma crediamo ai *dybbuk* di Singer". Folletti e demoni sono il plusvalore della fantasia che il reale produce poiché nulla è come sembra. I demoni non sono ribelli razionali né cultori dell'abominio. Sono diversi, tutti provenienti dalla cultura yiddish e sempre consiglieri malevoli, interessati a far battere sentieri opposti a quelli della Legge. A volte ordiscono tragiche burle, come nel racconto *Le nozze nere* dove una incolpevole figlia di rabbino partorisce il figlio di un demone. Non v'è stata colpa, non v'è motivo per tale nascita. Non v'è preghiera che può salvare o gesto che può giustificare e quindi tentare un conforto. Ma anche in questo caso la fantasiosa possibilità umana di amare nonostante tutto permette al caso di trovarsi un senso e alla tragedia di mutarsi in una dolce forzatura dell'esistere. Attraverso i demoni v'è anche un riferimento costante ai bambini: "È necessario ricordar loro di tanto in tanto che al mondo ci sono ancora forze misteriose all'opera" dice in *Alla corte di mio padre*. I demoni sono l'emblema di un mondo che non è possibile orientare che non ha poli né possiede diritto e rovescio. È nel suo caos che bisogna vivere, dove ogni legge è necessaria e giusta poiché allo stesso tempo è arbitraria e superflua. La circolarità caotica è impressa nello specchio che riflette solo apparentemente ciò che gli sta innanzi e che rappresenta lo strumento privilegiato dai demoni per rendersi visibili: "Tutto ciò che è nascosto va rivelato, tutti i segreti anelano a essere scoperti, tutti gli amori bramano di essere traditi, tutto ciò che è sacro dev'essere profanato".

Nonostante Singer si ritenga un appassionato credente, cede spesso dinanzi al fascino della ribellione contro la prescrizione; del resto il compito di un vero rabbino, carriera cui Singer da ragazzino era stato indirizzato, è quello di porre dubbio su ogni Legge affinché essa sia realmente, senza dubbio alcuno, osservata. Nel racconto *Il macellatore* Yoine Meir è posto dalla comunità a macellare secondo rito le bestie che poi verranno mangiate. Il povero Meir è ossessionato dalle viscere degli animali, dagli sguardi dei vitelli, dalle piume degli uccelli, e anche se la massima toraica dice che "non si può essere più misericordiosi di Dio", lui vuole esserlo, anzi pretende di esserlo. Non vuole più essere fedele a un Dio che fa soffrire gli animali. Se v'è possibilità d'amore v'è anche possibilità d'eresia e di peccato. I personaggi di Singer sono parte essenziale del tutto. Hanno grado identico alla sostanza creatrice e quindi, quando non sono preda della paura e della sottomissione religiosa, possono elevarsi a interlocutori di Dio in un dialogo che non conosce titubanze.

Singer è un diligente allievo di Baruch Spinoza e della sua *Etica*. Il vecchio scrittore ama particolarmente il filosofo olandese per la capacità di aver concesso alle sue pagine lo zefiro della vita e la possibilità di errore. L'*Etica* secondo Singer è un continuo invito alla vita come avventura da affrontare con le forze della ragione e del senso. Ne è l'emblema il sublime racconto *Lo Spinoza di via del Mercato*, dove l'*Etica* di Spinoza diviene l'assoluta prassi di vita nel percorso del dottor Fischelson che "trovava conforto nel pensare che lui, pur essendo soltanto un piccolo uomo da nulla, un modo mutevole della sostanza assolutamente infinita, era tuttavia una parte del cosmo, fatta della stessa materia dei corpi celesti; e poiché era parte della Divinità sapeva che non poteva perire del tutto". Fischelson, che studia da una vita l'*Etica*, considerandola una sorta di farmaco per la perfezione sobria e razionale, in una notte calda perde ogni controllo a causa della bella Dobbe la Nera, e la passione sostituisce completamente la razionalità austera coltivata per una vita. "Perdonami, divino Spinoza. Sono diventato uno sciocco" è ciò che tristemente il dottor Fischelson si dice. La sessualità è una costante quasi ossessiva nei racconti di Singer. È la forza dirompente capace di rendere nullo ogni proposito e di porre in crisi ogni piano razionale.

Il sesso è la brama che mette in crisi coloro che nel proprio percorso considerano la ragione morale capace di governare ogni sussulto, di ghiandola e di stomaco, ogni azione diurna o notturna. Così è per Yentl, studente di *yeshivà*, la scuola superiore di studi talmudici: d'improvviso tutto ciò che guarda e ascolta lo rimanda all'ambiguità sessuale e in lui cresce una voglia incredibile di rivolgersi all'unica cosa che la sua ragione non aveva compreso, la passione dei corpi. Sono sconfitti come Yentl tutti gli uomini e le donne di Singer che tentano di frenare la propria suscettibilità alla magia dell'attrazione amorosa, cui nessuna forza è in grado di opporsi. Claudio Magris in tal senso ha scritto: "Con l'imparzialità del poeta epico Singer rappresenta tutta la gamma dell'esperienza amorosa, dall'idillio coniugale alla pigrizia nauseata". Ma il sesso e la passione carnale divengono anche forze ingovernabili che riescono a eternare la vita contro la boria razionale e compunta della vita offesa. Come nel racconto *L'uomo che scriveva lettere*, in cui Herman, il protagonista, dice: "L'idea di tirar su dei figli gli sembrava un'assurdità: perché prolungare la tragedia umana?". Isaac Bashevis Singer concorda con il suo Herman e con Schopenhauer, l'altro filosofo che insieme a Spinoza guiderà la sua vita di scrittore e forse di uomo.

Singer però sa che la ragione della non vita non può nulla contro la folle diavoleria della carnalità. Si può decidere di non dare più vita, non permettere più a nessuno di vivere l'inferno della Terra, il dolore, l'angoscia e la miseria, certo, ma la passione e l'amore non hanno piani e i racconti di Singer mostrano che la sessualità non vuole altro che compiersi senza badare a ciò che sarà e a quanto è stato. Come scrive Charles Baudelaire: "La voluttà unica e suprema dell'amore consiste nella certezza di fare il male. E l'uomo e la donna sanno dalla nascita che nel male si trova ogni voluttà". L'idea di esistere e di essere, la voglia di bere ancora alla pozza della vita nella ricerca spasmodica di un senso inesistente e di una origine obliata è la caratteristica dell'uomo in esilio.

Singer riesce a fare della diaspora l'elemento di grandezza della vicenda letteraria e umana ebraica. Solo dalla dannazione del margine si può entrare nel cuore della condizione del vivere. È nell'irrealizzata possibilità di una terra, nell'impossibilità ad avere una costituzione e un patriottismo, è nell'assenza del diritto che nasce la domanda sul proprio esserci. Questa tensione dialogata con Dio rende il percorso preferibile alla meta, poiché la meta rappresenta il termine della propria universalità e la fine del proprio pensiero come un Giobbe senza più pene. Come un sogno che quando si realizza non è null'altro che l'ombra di se stesso. In questo senso i romanzi e i racconti di Isaac Bashevis Singer tracciano il solco della diaspora umana che vaga in cerca di una riconciliazione ultima, di un'utopia di felicità che si realizza nel solo cercarla e immaginarla nello spazio infinito e concreto del pensiero. Tenendosi le ghiande e lasciando le perle ai porci.

L'infinita congettura

Su un'isoletta alle foci del Tamigi nella sua casa di Sheerness-on-Sea, nella notte fra il 22 e il 23 febbraio del 1984 Uwe Johnson muore d'infarto mentre tenta di stapparsi una bottiglia di vino. Nessuno si accorse della sua mancanza, nessuno aveva interesse e voglia di cercarlo, di sentirlo, vederlo.

Solo diciannove giorni dopo, per caso, fu trovato il suo corpo morto, gonfio d'alcol. Se è vero, come qualcuno ha detto, che la fine d'un uomo dovrebbe compiersi in coerenza con la vita che ha vissuto, la fine di questo scrittore certamente smonterebbe quest'ipotesi. L'incredibile vicenda privata di Johnson infatti si compie in un clima di sospetto e di continua osservazione della sua vita da parte della Stasi (la polizia segreta della Germania dell'Est) e di tutti i servizi segreti dei Paesi dell'area del socialismo reale. Uwe Johnson fu messo sotto osservazione non per attività sovversive o politiche, ma perché i suoi testi sembravano nascondere qualcosa, la sua caotica precisione stuzzicò la paranoica acribia dei censori. È una bizzarra tragedia, la fine di Johnson: un uomo che, spiato e osservato durante tutta la vita, muore senza che nessuno si accorga della sua morte.

Uwe Johnson era nato nel 1934 in Pomerania. Si formò, nella Ddr di Walter Ulbricht, all'università di Lipsia, divenendo allievo prediletto del critico Hans Mayer, che subito ne riconobbe la genialità incoraggiando la scrittura dei suoi libri. Johnson in un primo momento condivise la politica della Ddr (come capitò a Brecht ed Ernst Bloch), partecipando alle attività del Partito comunista, riconoscendo nella sua politica una possibilità di trovare un nuovo corso storico capace di concedere agli uomini quella storia che la preistoria borghese aveva loro negato. Presto però capirà che la Ddr è una dittatura pronta a riconoscere ogni decisione del suo governo come la più giusta e "buona" e a costringere ogni dubbio al silenzio, ogni critica all'obbedienza.

La fuga a Berlino ovest avvenne nel 1959 quando rifiutò la richiesta del partito di organizzare lo scioglimento della Junge Gemeinde, un'organizzazione religiosa tedesca. Appena fuoriuscito dalla Ddr, Johnson divenne celebre attraverso la pubblicazione di *Congetture su Jakob*, un testo singolarissimo che impose un nuovo modello di scrittura. Il libro, come tutte le prime opere di Johnson (*Il terzo libro su Achim* del 1961 e *Due punti di vista* del 1965) si fonda su un impalco congetturale ovvero su un avvicendarsi d'ipotesi, indagini, ricordi, descrizioni, memorie, che nel loro procedere costruiscono la vicenda del testo, l'epoca dei fatti, senza però ricorrere a una narrazione lineare.

Jakob, tecnico delle ferrovie, muore investito da un treno mentre si reca come ogni giorno da sette anni alla cabina di lavoro. L'esordio del testo, "Ma Jakob ha sempre attraversato i binari", d'immediato lascia comprendere la forma che il racconto assumerà. I dubbi sulla sua morte, le ipotesi più disparate, nessuna delle quali sostenibile tranne che con altre congetture, caratterizzano interamente l'estetica del racconto. Suicidio, omicidio, incidente, tutto può essere vero o verosimile nelle infinite ipotesi della vicenda umana di Jakob; gli unici tasselli ricomponibili, però, possono essere quelli della memoria, del ricordo, delle parole dette e trasentite, ed è proprio grazie al loro ricomporsi che emerge in ultimo una congettura sull'uomo moderno in genere e sul suo tempo.

Gli elementi che la letteratura aveva sempre ritenuto fondamentali, come la chiarezza dei dialoghi, la definizione della voce narrante, la descrizione fisica dei personaggi, in Uwe Johnson scompaiono. Il dialogo è inserito di sorpresa, le descrizioni anche minute, ossessive e dettagliate sono spiazzanti nell'economia della vicenda. Hans Magnus Enzensberger, suo amico e spesso bersaglio di critiche, descrive la prosa di Johnson come "contropelo" laddove "quello che il lettore può essere in grado di indovinare viene tralasciato". Nella pagina di Johnson il non detto, il celebre inesprimibile ben espresso da Wittgenstein con la massima "ciò di cui non si può parlare è meglio tacere", sembra essere una presenza costante (forse proprio questa sensazione deve aver insospettito gli sgherri dei servizi segreti!). Come se tutto lo scritto tendesse a voler trovare il modo di argomentare qualcosa che la semplice scrittura non poteva giungere a esprimere, come se l'aleggiante spettro della libertà fosse il soggetto nascosto delle congetture su Jakob e la memoria della sua vita. La libertà per Johnson ormai non poteva più risiedere nelle sue speranze; la Germania di Bonn, la democratica Brd lo deluse fortemente; la spaccatura tedesca non troverà mai soluzione nel suo pensiero. Come appare nel testo *Due punti di vista*, egli detestava l'immensa brama di danaro dei tedeschi occidentali, la frenetica ricerca dell'auto, l'accumulazione continua, la clausura nel proprio minuscolo privato.

Nel *Terzo libro su Achim* è raccontata la vicenda del giornalista Karsch, tedesco occidentale, invitato a fare una visita a Berlino Est da un'amica. Karsch rimane tramortito dall'estrema diversità tra la Germania socialista e la Germania Ovest, non sente continuità tra sé e i tedeschi dell'Est. Quando gli propongono di scrivere un libro sul compagno dell'amica, Achim, ex campione ciclistico e uomo politico della Ddr (sport e politica, un binomio caro alle dittature socialiste), che sarebbe il terzo libro, appunto, sulla sua figura, Karsch si troverà in estrema difficoltà. A nulla gli servirà raccogliere vicende, ricordi, congetture, che costruiranno soltanto la memoria e il presente di una storia umana, ma non la vita d'un individuo, in questo caso di Achim. Il giornalista non è soddisfatto di ciò che ha scritto, non è riuscito a parlare di un alterità che non conosce, di una particolare situazione che non è possibile narrare solo con la scrittura. Sconfortato, Karsch tornerà ad Ovest, ad Amburgo.

Uwe Johnson nel 1966 si trasferisce a New York. Non vuole più risiedere nella sua terra; la Germania, colpevole d'un passato, quello nazista, impossibile da cancellare, è divisa tra socialismo e capitalismo, e quindi ancora portatrice di disumanità. Responsabile perenne di sistemi che stritolano la vita dell'uomo, che annullano l'individuo nei cingoli della storia. Negli Usa prima e in Inghilterra dopo, lo scrittore riuscirà invece a galleggiare nella terra di nessuno di Paesi con una democrazia più matura, in grado di nascondere meglio le proprie contraddizioni.

A New York, Uwe Johnson inizia a scrivere il suo capolavoro *Jahrestage* (*I giorni e gli anni* oppure *Anniversari*). L'opera monumentale *Jahrestage* è organizzata in quattro volumi usciti in Germania nel 1970, 1972, 1973, 1983. Parlare degli *Jahrestage* è davvero cosa impossibile.

Ci troviamo dinanzi a uno dei capolavori assoluti della scrittura d'ogni tempo, che sfugge a ogni riduzione critica o analitica. Negli *Jahrestage* è narrata giorno per giorno la vita di Gesine Cresspahl e di sua figlia Marie, in un intreccio di storia familiare che si connette alla storia contemporanea e a fatti storici e di cronaca reali dell'ultimo secolo. Hans Mayer, consiglia ai lettori degli *Jahrestage* di "darsi" completamente al testo come se si entrasse nella *Recherche* di Marcel Proust, dove non è possibile comprendere alcunché se il lettore non decide di immergersi completamente spoglio da intenzioni o attese nel flusso temporale della narrazione.

È assolutamente inutile leggere *Jahrestage* con la logica lineare a cui si è soliti ricorrere quando si affronta una pagina, la scrittura si sofferma in meticolose e ossessive descrizioni all'interno di situazioni informi ed enigmatiche. Solo perdendosi nel suo labirinto costruito con cura certosina si riuscirà a passare da un giorno all'altro di Gesine Cresspahl come da un capitolo compiuto all'altro, attraversando dialoghi, filastrocche, pensieri, interazioni di altri personaggi e altre variabili.

Oggi in Italia la Feltrinelli con grandissimo merito ripubblica il primo volume dei *Giorni e gli anni* con una nuova (ottima!) traduzione di Nicola Pasqualetti e Delia Angiolini e una preziosa introduzione di Michele Ranchetti. In quest'opera sono descritti i giorni della vita di Gesine Cresspahl dall'agosto al dicembre 1967. Gesine era già apparsa in *Congetture su Jakob* – sua figlia Marie l'ha avuta infatti proprio da Jakob –, ora però non vive più in Germania ma a New York dove è impiegata in una banca.

Questo testo possiede una forma fibrosa, ed è strutturato principalmente su tre piani: Gesine, sua figlia Marie e il "New York Times". Eggià. Il "Times" è il controcanto alla vita di Gesine, non c'è momento della narrazione che non sia innestato con notizie del giornale: "Dal 1961 nel Vietnam sono caduti in azioni di combattimento più o meno 13.365 cittadini degli Usa. – ma che bambina proprio gentile, davvero mi congratulo con lei...".

La cronaca della guerra del Vietnam, l'arrivo in America di Svetlana Stalin, la figlia del dittatore, Che Guevara riconosciuto in una fotografia nella macchia, le risse ad Harlem, e mille altre notizie compongono il contesto di vita dei personaggi di questo libro. Un contesto vivo, in continuo movimento. Il "New York Times" è una voce della coscienza del presente, un metronomo che scandisce le vicende quotidiane del globo dove si compie la vita di Gesine. Il "Times" è chiamato "zia Times", diviene infatti nel corso della narrazione quasi un personaggio, educato, cortese, un po' insistente, come una vecchia zia che "non chiama un imputato colpevole", "non chiama il presidente col nome di battesimo", "dà la parola anche a quelli che disprezza". Johnson tra l'altro troverà il "Times" effettivamente uno dei migliori giornali al mondo per metodo d'indagine e capacità di scrittura.

L'opera letteraria di Johnson appare un edificio isolato, vivente di una prosa autistica che attentamente divora il circostante, attraverso la scia di memoria che lascia sui quotidiani, sugli orari dei treni, sulle riviste, nei dialoghi d'impiegati d'ufficio. Un'archeologia del presente e della memoria che non cataloga frammenti per risalire all'origine di una civiltà, ma raccoglie vicende, momenti, sensazioni, dialoghi, per poter recuperare il senso di un'individualità schiacciata dall'ingiustizia della storia e la vacuità senza traccia del quotidiano. Ciò che Gesine sente e ricorda, ciò che pensa e dice, tutto è ammucchiato e ripescato in un flusso vitale senza ordine, caotico come la vita di questa tedesca emigrata. Rifacendoci a un pensiero di Theodor Adorno si potrebbe dire che Johnson incanala la vita dei suoi personaggi nel flusso delle "forze che si liberano nella decadenza".

Gesine decide di raccontare attraverso la registrazione su nastro magnetico la propria vicenda familiare alla figlia Marie. Con questa decisione il primo volume dei *Giorni e gli anni* crea una seconda parte della narrazione fondata sul passato nel Meclemburgo. Gesine, nata nel '33, durante i primi cento giorni del cancellierato di Hitler, racconta alla figlia la saga della sua famiglia, il nazismo, la miseria, il tempo dell'abbandono e quello della felicità. Una memoria che sempre più flebile e parcellizzata si tramuta in un modo d'essere, in una cultura, in un gesto, in un dialogo.

Il passato in Johnson non possiede in sé una soluzione, il suo non è un romanzo storico dov'è possibile attendere gli eventi già preordinati dai fatti e ben ammanniti dal narratore. V'è un continuo trasmigrare d'intenzioni e memorie, un interpolarsi di vicende e commenti. L'interscambio perenne di voci diviene un modo per tracciare una mappa di ciò che è stato e ciò che potrà essere, tra resistenza e smarrimento, tentando di sopravvivere alle maree della storia che si abbattono con cadenza quotidiana. Tornando indietro a rileggere alcune pagine, frammenti di brani, si ha l'impressione di leggere qualcosa di nuovo, di mai colto prima pur avendoci passato su l'occhio poc'anzi. I critici hanno riconosciuto in questa parte del libro la presenza dei *Buddenbrook* di Mann, ma è a Faulkner che sembra essere più vicino, nella misura in cui prende dai suoi romanzi la capacità di avere una scrittura reale ma non realistica, pronta a inventare la realtà senza però tradire la storia. La scrittura di *Jahrestage* s'interruppe al terzo volume.

Mentre Johnson annotava nel bloc-notes della letteratura il comporsi del mondo nella vita di Gesine Cresspahl, qualcuno lo spiava e non dal di fuori, non con un cannocchiale, o ascoltando le sue telefonate, ma in casa sua, nell'intimo delle sue emozioni più chiare, tra l'affetto più riservato. La moglie Elizabeth confessò nel 1975 di avere un amante, che poi era un agente della polizia segreta cecoslovacca, a cui inviava da anni dei dettagliati rapporti confidenziali sull'attività del marito. Uwe Johnson aveva collaborato con la moglie alla stesura di *Jahrestage*, dedicando l'intero progetto alla figlia Katharina, nell'opera raffigurata in Marie, figlia di Gesine Cresspahl e Jakob. Per uno scrittore che ha appena posto un punto finale al proprio romanzo, è un po' come se i personaggi da lui descritti e creati bussassero alla sua porta e se li trovasse dinnanzi con un sembiante mostruosamente inatteso.

Questa vicenda traumatizzò Johnson indelebilmente, bloccò la sua penna per dieci anni, gli vennero due infarti, divenne alcolista. Il tradimento della moglie era stato continuo e silenzioso proprio come l'insinuarsi del quotidiano nella vita d'una persona. Dieci anni dopo l'uscita del terzo volume, nel 1983, poco prima della morte, vide la luce il quarto e ultimo libro di *Jahrestage*, che si conclude con Gesine Cresspahl che a Praga incontra i carriarmati sovietici che nel 1968 invasero la "ribelle" Cecoslovacchia. La vita non dev'essere sostituita dalla scrittura. Per Johnson quest'impostazione estetica pare più che certa. La scrittura dev'essere reale ma non realistica, capace di dare senso e giustizia a una realtà confusa e ingiusta, ma che non riuscirà mai a sostituirsi alla vita.

Ecco perché Michele Ranchetti, uno dei massimi intellettuali italiani, coglie nel segno quando afferma che non è possibile ascrivere all'ambito narrativo i libri di questo singolarissimo tedesco. L'epoca contemporanea non è più il tempo per sistemi letterari in forma di saggio critico o romanzo, né il tempo per nuove metafisiche o fenomenologie, Johnson voleva scrivere qualcosa che potesse essere trasversale a ogni dimensione, capace di raccogliere in sé ogni molteplicità, per conservare e comprendere quanto v'è d'immensamente irriducibile nella vita d'un individuo.

Walter Benjamin imprimeva alla sua ricerca la speranza di poter trovare prima o poi una porta capace di spalancarsi su un mondo altro, diverso da quello in cui si è costretti a vivere. Leggendo Johnson si comprende che, qualora vi fosse la possibilità di trovare la porta, non si avrebbe la capacità di aprirla o quantomeno non si riuscirebbe a rintracciare la chiave. È possibile solo trovare congetture e non soluzioni, forse neanche prospettive. Ci resta soltanto congetturare sulla morte di Jakob, cercare di ricordare e ipotizzare la sua vita, ascoltare la voce di zia Times per sapere ciò che è accaduto mentre piantavamo le rose in giardino, raccontare a Marie ciò che è stato, in una ricerca infinita di strade percorribili, in un continuo vagheggiare sul senso dell'esistere scadenzato e costretto tra i giorni e gli anni.

Mai più in un mondo a parte

in un unico amarissimo sorso, dovrebbe essere bevuto *Un mondo a parte* di Gustaw Herling, che riappare presso Feltrinelli in edizione economica. Leggere tutto in una volta, subendo un pugno nelle viscere, uno schiaffo in pieno volto, sentendo la dignità squarciata, la paura di poter crollare prima o poi nello stesso girone infernale descritto nelle pagine. Un testo prezioso e tremendo, una testimonianza sui campi di concentramento sovietici, sulle barbarie compiute dal regime stalinista dell'Urss contro milioni di persone.

Gustaw Herling aveva vent'anni quando decise, nel 1939, dopo l'invasione tedesca della Polonia, di attraversare il confine russo-lituano sperando di organizzare in Russia una resistenza antinazista. Fu però arrestato dalla polizia sovietica per il suo progetto. Tale episodio, che potrebbe sembrare una bizzarria, è in realtà un tragico paradosso. L'Urss e la Germania avevano firmato nel 1939 un patto, il celebre patto Molotov-Ribbentrop, che sanciva una relazione di non belligeranza tra i due Stati. Herling quindi, secondo la polizia segreta sovietica, tentando di fuoriuscire dalla Polonia per combattere la Germania aveva indirettamente cospirato contro l'Urss.

La vita del giovane Gustaw venne così deportata ad Ercevo, campo di lavoro che faceva parte del comprensorio concentrazionario di Kargopol sul Mar Baltico. Un campo di lavoro adibito alla raccolta del legno per costruzioni, un vero e proprio centro industriale con linee ferroviarie e un villaggio per il personale libero, tutto costruito e portato avanti con la forza lavoro dei prigionieri. La situazione materiale del campo era oltre ogni limite di sopportazione umana: quaranta gradi sotto zero, un lavoro continuo e massacrante, orari diuturni, trecento grammi di pane più una mestolata di minestra.

Herling descrive con abilità di storico la struttura organizzativa del campo, le gerarchie, i rapporti d'autorità. Nei campi vi erano diversi livelli di prigionieri, i *bytovik*, ovvero criminali comuni con condanne brevi, poi v'erano i criminali efferati e incalliti, gli *urka*, veri e propri signori regnanti dei campi, infine i più numerosi erano i *belorucki*, i prigionieri politici. I *belorucki* erano i prigionieri con minore speranza di sopravvivenza, i più vessati e maggiormente caricati di fatica lavorativa. Gli *urka* avevano ogni diritto sugli altri prigionieri, a loro era data la responsabilità di vigilare sul lavoro e sull'ortodossia politica dei prigionieri. Herling li descrive in modo tremendo: per tali uomini il pensiero della libertà è altrettanto ripugnante quanto l'idea del campo di lavoro per una persona normale.

La parte maggiore dei prigionieri politici erano bolscevichi, comunisti, individui che avevano combattuto per la causa socialista. Il meccanismo staliniano era una sorta di serpe a spirale che procedendo nelle varie istituzioni, attraverso diverse generazioni, purgava, deportava, imprigionava vecchi rivoluzionari comunisti, funzionari, dirigenti, che acquisivano troppo potere, oppure gente comune, persone qualsiasi che inconsapevolmente non agivano secondo l'ortodossia staliniana. La delazione divenne ovviamente la regola di vita della società sovietica, usata spesso come strumento per tenere in scacco il proprio vicino, il collega di lavoro, i propri familiari. Denunciare per rovinare la carriera di qualcuno, per prendere il suo posto, o semplicemente per salvarsi la vita, era divenuta attività comune nella Russia di Stalin.

Nei campi di prigionia sovietici il mezzo di oppressione e tortura era il lavoro, usato come forma di distruzione. La fatica schiantava i corpi, riduceva i prigionieri alla febbre, alla cecità per avitaminosi. L'unico modo per cercare di sopravvivere era riuscire a farsi ricoverare. Gli ospedali sembravano chiese che offrivano rifugio da una potentissima Inquisizione. L'automutilazione divenne così una prassi comune per poter trovare una pausa dal lavoro. Come in trincea durante la Prima guerra mondiale i soldati si sparavano alle mani o alle gambe per poter essere spediti lontano dalla battaglia, così i prigionieri sovietici si amputavano con le asce le dita, le mani, si tagliavano le gambe, pur di trovare una pausa alla loro condanna. Dopo molti casi di automutilazioni, le autorità sovietiche si accorsero dell'autolesionismo e per combatterlo decisero di condannare tutti i feriti, sia accidentali che volontari, a continuare a lavorare: "Vidi un giovane prigioniero [...] riportato dalla foresta nel recinto con un piede amputato".

In *Un mondo a parte* v'è una figura di prigioniero autolesionista, Kostylev, che è forse il personaggio maggiormente toccante del testo. Il racconto su Kostylev contiene in sé non soltanto il valore della testimonianza ma uno spessore letterario che trasfigura la vicenda, caricandola di significati universali. Kostylev aveva dedicato la sua vita alla causa bolscevica. Ammirava come santi laici i comunisti europei, idealizzandoli come combattenti per la libertà in un continente oppresso dalla borghesia. Arrivò a imparare il francese per comprendere i discorsi di Thorez, segretario del Partito comunista francese. Iniziò a leggere Balzac, Stendhal, Constant, e trovò in quei testi "un'aria diversa, mi sentivo come un uomo che, senza saperlo, era stato soffocato tutta la vita". Kostylev dopo quest'esperienza di lettore cambiò idea sull'Occidente e sul bolscevismo. Abbandonò il lavoro di partito, concesse tutto il suo tempo alla lettura, desideroso di conoscere le verità che gli erano state nascoste. I libri stranieri, che si procurava clandestinamente, lo fecero arrestare. La polizia segreta lo accusò d'essere una spia e torturandolo lo costrinse a confessare la mendace accusa. Dopo che Herling scoprì che Kostylev si ustionava di sua volontà il braccio esponendolo alle fiamme vive, nacque tra loro una complice amicizia. Preferiva avere un braccio piagato e gonfio, piuttosto che lavorare per i suoi carcerieri.

Nella baracca dove, esentato dal lavoro, Kostylev passava le giornate, non c'era attimo in cui non leggesse libri. Herling non capì mai come riuscisse a procurarseli, ma non provò mai invidia per lui, semmai profonda ammirazione. La lettura, che gli aveva cambiato l'esistenza portandolo nei campi di lavoro, continuò a essere la maggiore espressione della sua umanità in quel girone infernale. Conservare, preservare, tutelare la propria umanità era non solo impossibile ma persino letale in un campo di lavoro. Aiutare il compagno ferito, passargli del cibo era pericoloso non solo perché privandosi delle pochissime risorse materiali si rischiava di danneggiare il proprio già precario corpo, ma perché ogni elemento umano in quelle condizioni poteva far perdere i nervi, poteva far emergere la vita passata. Ricordare d'essere uomo in una condizione disumana è letale. La vita in un campo di prigionia può essere tollerata solo quando ogni criterio, ogni termine di paragone che si riferisca alla libertà è stato completamente cancellato dallo spirito e dalla memoria del prigioniero. Il messaggio che non soltanto questo testo ma che l'intera opera di Herling porta con sé, è racchiuso in una codificazione nuova della capacità di giudizio. Non è possibile giudicare un essere umano costretto in condizioni disumane. Il tradimento, la delazione, ,a prostrazione, la prostituzione generate dalla fame, dalla costrizione, dalla malattia, non possono essere considerati comportamenti umani seppur commessi da uomini.

Sono giunto al convincimento che l'uomo può essere umano solo in condizioni umane, e considero assurdo giudicarlo severamente dalle azioni che compie in condizioni disumane, come sarebbe assurdo misurare l'acqua con il fuoco.

Il sistema di repressione sovietico rappresentava quanto di più stupidamente burocratico potesse esistere sulla crosta terrestre. Ogni arresto doveva essere motivato, ufficialmente formalizzato. Migliaia di persone subirono le più stolte e sordide accuse: sabotaggio dell'industria sovietica, spionaggio, cospirazione contro la patria, tradimento, controrivoluzione. Attraverso queste condanne il sistema sovietico ostentava giustificazione a ogni sua crisi, a ogni rallentamento della pianificazione economica. Migliaia d'innocenti, spesso innocue persone e tutt'altro che nemici politici, furono tolti di mezzo, vittime di una spietata e illogica guerra interna.

Nel campo di Ercevo Herling incontra un prigioniero denunciato alla Nkvd (la terribile polizia segreta che poi prenderà il nome di Kgb) perché da ubriaco aveva sparato un colpo alla fotografia di Stalin, centrandone un occhio. Per tale gesto fu condannato a dieci anni di prigionia! A differenza del sistema concentrazionario tedesco dove gli individui venivano gasati, massacrati e arrestati, senza processi-farsa, ma soltanto per il loro essere ebrei, comunisti, testimoni di Geova, omosessuali ecc., il sistema sovietico estorceva confessioni, inventava piani di sabotaggio, costringeva a produrre assurde prove. Formalizzava ogni messa in scena: "Non basta conficcare una pallottola nella testa di un uomo, deve egli stesso chiederla cortesemente al processo".

Gustaw Herling riuscì a salvarsi dal campo di lavoro perché fu, in quanto polacco, spedito tra le truppe comandate dal generale Anders. Dopo una peregrinazione a Baghdad, Mossul, Gerusalemme, Alessandria d'Egitto, approda in Italia dove, ammalatosi di tifo, trascorre la degenza a Sorrento incontrando la famiglia Croce. Quest'incontro sarà determinante poiché molti anni dopo Lidia Croce diverrà sua moglie e da lei avrà due figli, Benedetto e Marta. Herling a Napoli trascorrerà gran parte della sua vita. Si dedicherà alla messa a punto delle sue opere e sino agli ultimi giorni scriverà il monumentale *Diario scritto di notte*. È un colosso narrativo composto da più di dodici volumi, in Italia è apparso soltanto il primo che raccoglie gli scritti che vanno dal 1970 al 1987. Si affastellano in quest'impresa intellettuale ricordi, riflessioni filosofiche, momenti di profonda saggezza descrittiva, invettive, docili momenti di pigrizia. Si passeggia, nel *Diario scritto di notte*, in un sistema geologico da esplorare lungo i molteplici strati che si depositano così come emergono nel pensiero herlinghiano.

S'incontra nel dedalo del *Diario* un episodio inquietante che ritrae Thomas Mann e Ignazio Silone mentre discutono in Svizzera sul metro di paragone in base al quale giudicare i diversi sistemi politici. Per Silone "senza dubbio basta determinare qual è il posto che è stato riservato all'opposizione". Per Mann invece "no, la verifica suprema è il posto che è stato riservato all'arte e agli artisti". Herling, che non tace un profondo fastidio nei confronti della postura estetizzante della prosa di Mann, traccia una profonda critica al sommo tedesco che risultava indulgente con il sistema sovietico analizzandolo esclusivamente attraverso le vendite di massa dei testi di Goethe in Urss.

In Herling la necessità prima dell'intellettuale è presenziare al dolore umano, mantenersi sentinella della libertà umana, non delegare mai ad altro il proprio imperativo di difesa della dignità umana. E tutto questo Mann, con la priorità all'arte, nonostante tutta la sua grandezza letteraria, lo negava.

Ma nel *Diario* vi sono anche lacerti di memoria personale, moltissimi e profondamente appassionanti: il racconto di un cagnolino trovato nel deserto iracheno durante la guerra e amorevolmente curato da Herling, oppure la pagina del 1980 dove sono descritti gli attimi del terremoto che colpì Napoli, mirabili le tinteggiature dei volti identici dei terremotati irpini, lucani, partenopei, le voci, le fughe, gli assembramenti, l'assoluta impossibilità di prendersela con qualcuno. Eppure questa narrazione diaristica non pare un tracciato d'esperienza personale. Scritto di notte, il titolo segnala subito il ruolo in qualche modo postumo del pensiero, quasi come la nottola di Hegel che giunge tardi, quando il giorno è compiuto: con la scrittura del *Diario* l'autore non offre una somma di ciò che è capitato a se stesso, ma di ciò che è capitato attraverso se stesso. Un Io che diviene punto di partenza ma non elemento d'arrivo, che parte per un preciso motivo ma non conosce ovviamente il termine dello slancio. Un senso al motivo d'ispirazione per questo impegno intellettuale durato un'intera esistenza lo si può rintracciare in un frammento del testo *Breve racconto di me stesso* curato da sua figlia Marta: "Scrivo perché ho un bisogno interiore di confrontarmi con determinati problemi. Se vivi, finché si vive di qualcosa si adempie alla propria missione. [...] Ho sempre desiderato lasciare qualcosa dopo di me, ma in realtà ho scritto unicamente per me stesso. Scrivo perché mi dà piacere".

Anche i testi pubblicati come opere compiute e autonome sono parti del tessuto connettivo del *Diario*. I due racconti *Requiem per il campanaro* e *L'isola* sono narrazioni, terre emerse nella vastità degli oceani di parole della scrittura di Herling. Racconti in cui la traccia partenopea è fortissima, determinante almeno come in *Don Ildebrando* che assieme a *Ritratto veneziano* raccoglie i racconti più rilevanti ambientati a Napoli. In *Don Ildebrando* Herling prova ad affrescare il paesaggio italiano mantenendo la distanza dell'esule ma non celando una complicità da cittadino italiano d'adozione. In questo libro emerge la descrizione di una Napoli caotica e rutilante, determinata da una forza vorticosa che la sbatte dalla miseria dei lazzari al barocco sontuoso della dominazione spagnola, spingendosi ad amalgamare gli aspetti scaramantici, popolari, con le vette più alte del pensiero umano. E così nel racconto *Ex voto* appare il cuore di Napoli, il petto, il corpo, la Napoli più cara ad Herling, quella dove abitava suo suocero Benedetto Croce, quella dove si erge la chiesa di San Domenico Maggiore in cui Tommaso d'Aquino si formò e divenne sommo. Una Napoli che per Herling si costruisce come una mappatura spirituale piuttosto che geografica o storica. La prosa dei racconti di Herling è elegante, rispettosa, piana, possiede un'appassionata razionalità che sembra fregarsene di ciò che in letteratura può essere definito come talento, guizzo fantasioso o senso della frase. Una scrittura continua, è quella di Herling, pronta a tracciare e comunicare piuttosto che a esprimere; come ha scritto la poetessa Cristina Campo, "le grandi parole cerimoniali dell'orrore e della pietà traversano il suo discorso con la stessa naturalezza del vento autunnale fra gli alberi e della pioggia sui vetri".

Herling ha immesso l'ordito della sua qualità narrativa nella trama della testimonianza. Appaiono, nei testi di Gustaw Herling, una miriade di personaggi, tracce di un'orchestra della dannazione, che trascende la particolarità dei campi di lavoro sovietici, del terremoto, della persecuzione nazista, della sua esperienza di guerra, della Napoli appestata, e diviene rappresentativa della condizione umana del Novecento. Forse è vero che ogni narrazione proveniente dal profondo della memoria dei fuoriusciti, dei salvati, si assomiglia. Le pagine di Levi, Šalamov, Herling, Wiesel hanno un patrimonio genetico simile che ancor prima d'essere determinato dalla comune barbarie subita è accomunato dalla volontà di perdono. Nelle parole finali, nei giudizi accennati, nella ricognizione del dolore, questi autori hanno scritto per concedere all'umana genia la possibilità di vivere diversamente, di non dimenticare, proprio al fine di essere diversi. Non sarà possibile sapere se questi autori hanno perdonato i loro secondini, i loro banali aguzzini, e in fondo non è importante. È però necessario comprendere se hanno perdonato l'esecutore primo della barbarie: l'essere umano. Lasciare memoria, scrivere, è in qualche modo un attestato di fiducia verso l'uomo, verso le nuove generazioni. Il ricordo tremendo, insomma, come promessa o speranza di un nuovo percorso umano.

Chi scrive, muore

Anna era tornata dal fare la spesa, il 7 ottobre 2006. Una donna dall'aria stanca, al supermercato lungo la Frunzenskaja, la strada che costeggia la Moskva. Sta tornando dall'ospedale dov'è ricoverata la madre divorata da un cancro. Suo padre, legatissimo alla moglie, appena ha saputo della notizia della malattia è morto d'infarto. Sembra accanirsi il peggio della sorte in quei giorni.

Divorziata, Anna, ha due figli ormai grandi che vede poco; a casa l'aspetta Van Gogh, ora un cagnone, ma era un cucciolo segnato dai maltrattamenti. Di lui scriveva: "È di nuovo sera. Giro la chiave nella serratura e Van Gogh mi vola addosso, sempre e comunque. Anche se gli fa male la pancia, qualunque cosa abbia mangiato, anche se stava dormendo profondamente. È fonte di un affettuoso moto perpetuo. Tutti ti piantano, tutti si stancano di te: il cane non smette mai di amarti".

Ha tre borse della spesa nell'auto che ferma davanti al portone di casa sua al numero 8 della Lesnaja Ulitsa. Trovare parcheggio è facile. È un quartiere borghese abbastanza protetto e di un certo gusto. Ci abitano i professionisti della nuova Russia. Nei palazzi si entra solo con un codice d'accesso. Anna sale a casa e posa le prime due buste della spesa, piene di alimenti e roba per la casa. Poi riscende a prendere la terza busta, piena di oggetti sanitari per la madre, in ospedale mancano. Sale al primo piano con l'ascensore, appena si spalancano le porte, ancora dentro la cabina, incontra un uomo e una donna. Lui è magro, giovane, cappellino calzato con visiera a coprire gli occhi – diranno i testimoni – e accanto c'è la donna. Le punta una pistola Izh silenziata al petto. Al lato sinistro del petto. Spara per tre volte. Due colpi prendono il cuore spaccandolo in tre parti, un terzo colpo devia sulla spalla. Poi, per avere la certezza di aver compiuto bene il lavoro, una volta caduto il corpo a terra spara alla nuca. Avevano seguito Anna dal supermercato, sapevano i codici per entrare nel palazzo e l'hanno aspettata sul pianerottolo. Dopo l'esecuzione lasciano la pistola con matricola abrasa nella pozza di sangue e vanno via. Una signora, poco dopo, chiama l'ascensore, quando questo riscende al piano terra e le porte si spalancano, lancia un urlo e subito dopo una preghiera.

Trova il cadavere di Anna.

Era il cinquantaquattresimo compleanno del presidente Vladimir Putin e quella morte sembra un regalo. Anna Stepanovna Politkovskaja, nata a New York con il cognome Mazepa, quarantotto anni, viene sepolta il 10 ottobre 2006 al cimitero Trojekurovo di Mosca. Dietro il feretro in prima fila i due figli, Ilja, di ventotto anni, e Vera, di ventisei, la sorella, l'ex marito e il cane. La sua parola non poteva essere fermata che così. Solo in quel modo c'erano riusciti: con le pallottole. Tre anni dopo gli accusati dell'omicidio di Anna sono stati tutti assolti. Assolto Sergej Chadžikurbanov, ex funzionario del ministero degli Interni, assolti i due fratelli ceceni Džabrail e Ibragim Machmudov, il terzo, Rustam, implicato anche lui, fuggito all'estero e mai arrestato, e assolto il colonnello delle forze di sicurezza Pavel Rjaguzov. Assolti e liberati dal presidente della Corte militare Evgenij Zubov coloro che secondo l'accusa avevano seguito, e poi ucciso Anna. L'assassinio a oggi non ha colpevoli né mandanti. Ma le parole di Anna continuano a essere spine ficcate sotto le unghie e nelle tempie stesse del potere russo.

Cecenia è un libro pericoloso. Anna Politkovskaja l'ha scritto con la volontà di raccontare una ferita che non riguardava solo una parte sperduta in qualche antro caucasico. L'ha scritto riuscendo a rendere la storia della guerra in Cecenia una realtà quotidiana di tutti. Ed è questo ciò che l'ha uccisa. La sua capacità di rendere la Cecenia dibattito necessario a Londra e a Roma, fornendo elementi a Madrid e a Parigi, a Washington e a Stoccolma. Ovunque le sue parole sono diventate nitroglicerina per il governo di Putin, al punto che questo libro è diventato più pericoloso di una trasmissione televisiva, della dichiarazione di un testimone, di un processo al Tribunale internazionale. Perché *Cecenia* raccoglie tutto quello che Anna ha visto in una delle peggiori guerre che l'umana specie abbia mai generato, una guerra dove le donne violentate e i soldati torturati dovevano dichiarare a verbale di essere i reali colpevoli delle violenze subite. La sua poetica è possibile sintetizzarla in un aforisma di Marina Cvetaeva sulla quale si era laureata: "Tutto il mio scrivere è prestare orecchio".

Anna Politkovskaja lavorava in una situazione complicatissima. Le trasferte le venivano pagate trenta dollari, non c'era possibilità di guadagno, il lavoro non era sostenuto da alcuna gratificazione economica. Zero soldi per viaggiare e la parte maggiore dello stipendio se ne andava per difendersi da querele e denunce, che piovevano ogni volta che appariva un articolo a sua firma. Sfiancarla era l'obiettivo. E deprimerla con una forte pressione diffamatoria senza fine. Il piano principale non era ucciderla, ma distruggerne l'immagine. Far credere a chi l'amava – ed erano in molti – che fosse un'arrivista pazza.

Non dimenticherò mai le parole pronunciate da Aleksandr Politkovskij, l'ex marito di Anna, all'indomani della sua morte: «Fu nel 1994, quando si occupò della lotta tra gli oligarchi Vladimir Potanin e Vladimir Gusinskij per il controllo di Norilsk Nickel, il più grande produttore mondiale di nickel, che doveva essere privatizzato. Vinse Potanin, ma a un certo punto Gusinskij chiamò Anna e le mostrò un dossier diffamatorio che aveva raccolto sulla nostra famiglia. Anna era spaventata, andai a prenderla e parlammo a lungo, seduti in macchina. Lì lei decise che sarebbe andata avanti comunque, benché temesse il discredito anche più della morte». Meglio morire che essere diffamata. E tutto sommato è questa la vera consolazione. Terribile, tragica, ma incredibilmente vera.

Almeno con la morte hanno smesso di tentare di screditarla. Il discredito era l'elemento primo di distruzione. Infangavano la famiglia cercando di dimostrare collusioni, corruzioni e reati. Andavano dai parenti delle vittime di cui Anna aveva raccontato e facevano pressione perché dicessero che aveva inventato tutto, che tutto era avvenuto diversamente. Diffondevano voci di calunnia: è bugiarda, mitomane, matta, buffona, carrierista. Erano, in fondo, centinaia i cronisti in Russia che la odiavano perché il marito aveva fatto carriera già durante la perestrojka, diventando la voce critica, sì, ma di una televisione dell'Urss. E poi Anna scriveva su un giornale in parte sotto il diretto controllo azionario di Gorbaciov e dell'oligarca Lebedev. Il venticello della calunnia era di fare i rivoluzionari con lo spazio dato dai vecchi padroni comunisti. Non era difficile per il potere politico trovare appigli verosimili per rovinare la sua immagine. Così come oggi centinaia di suoi colleghi in ogni angolo del mondo la difendono e indagano su quanto accaduto.

Ma poi il marito continua a spiegare perché Anna temeva il discredito più di tutto il resto: «Lei scriveva i suoi articoli per cambiare le cose. Ogni pezzo doveva aiutare qualcuno o contrastare un'ingiustizia. Doveva produrre qualcosa, anche poco, ma qualcosa. Se avesse perso la sua credibilità questo sarebbe diventato impossibile. Lo stesso le successe, anni dopo, con Ramzan Kadyrov, il governatore filorusso della Cecenia, che minacciò di trascinarla in una sauna e farla fotografare in pose sconce con uomini nudi». L'avrebbero narcotizzata, rapita e fotografata in pose porno con degli uomini, in una specie di orgia, di gang bang tra omaccioni unti d'olio con al centro la più pericolosa delle giornaliste. Come dire, ecco la vita che fa quella che va raccontando il suo Paese come un inferno. Chi avrebbe creduto che era stata costretta e narcotizzata? Tutti avrebbero accettato quelle foto sconce, e avrebbero urlato al vizio, all'orgia, al piacere della nuova cortigiana che si credeva una combattente. In quel caso, dopo le foto sparate sulle prime pagine di molti giornali e sui siti di gossip di mezzo mondo, nessuna smentita, nessuna denuncia o dimostrazione di violenza avrebbe potuto toglierle il fango dal viso. Un fango che avrebbe messo in dubbio e in discussione ogni reportage, ogni inchiesta, ogni parola. E questo è il pericolo primo.

Prima delle pallottole o quando le pallottole non riescono nel loro intento, si arriva alla distruzione della credibilità, a inabissare l'autorevolezza, a rendere nulle le parole non partendo dalle parole stesse, ma creando un meccanismo che quelle parole priva di ogni senso, rendendole involucri vuoti. Quando Anna decise di dismettere il ruolo di giornalista e partecipare attivamente a ciò che stava vedendo e raccontando, nell'ottobre del 2002, intervenne ai colloqui con i terroristi che avevano preso in ostaggio gli spettatori del musical *Nord Ost* al teatro Dubrovka di Mosca. Decise di farlo portando acqua agli ostaggi. Nel settembre del 2004, durante l'assedio della scuola di Beslan, voleva tentare la mediazione. E ci sarebbe riuscita poiché era rispettata da entrambi i fronti, ma Anna dichiarò di essere stata avvelenata proprio a bordo dell'aereo che la stava portando in Ossezia. Quel veleno doveva ammazzarla e impedirle di portare avanti una sua proposta per la soluzione della crisi. In un modo semplice, leggero, tentarono di eliminarla: con una tazza di tè. Dopo aver bevuto le iniziò a girare la testa e lo stomaco si contraeva in spasmi. Svenne, ma aveva avuto il tempo di chiedere aiuto alla hostess. Fu portata in ospedale a Rostov. Quando si risvegliò un'infermiera le sussurrò all'orecchio: «Mia cara, l'hanno avvelenata, ma tutti i test sul suo sangue sono stati distrutti per ordini dall'alto». Ricordo benissimo giornalisti italiani che alcuni giorni dopo la notizia si davano di gomito: «Ha visto troppi 007 la nostra Anna. E poi quando uno è in pericolo non lo sbandiera a tutte le conferenze, cerca di difendersi in silenzio». Questo il tenore dei commenti dopo che era sopravvissuta a un avvelenamento senza prove.

Anna sapeva invece che il silenzio sarebbe stato un enorme regalo a chi la voleva zittire e delegittimare. Aveva ricevuto moltissime minacce, e per un periodo le fu pagata una scorta privata dal suo giornale, la "Novaja Gazeta". Il 9 settembre 2004 scrisse un articolo su "The Guardian", *Avvelenata da Putin*, e in molti, in troppi non le credettero. Per strani meccanismi, l'invidia dei colleghi per la visibilità e la forza delle parole di Anna, che facevano identificare la lotta per i diritti civili in Cecenia con la sua penna e il suo viso, trasformandola in un simbolo, divenne spesso il maggior alleato delle voci ufficiali del governo che raccontavano di una donna presa da se stessa e dal suo progetto mitomane. E tutto questo la lasciava completamente isolata. Nell'articolo del 9 settembre 2004 scriverà: "È assurdo, ma non era forse lo stesso durante il comunismo, quando tutti sapevano che le autorità dicevano idiozie ma fingevano che l'imperatore fosse vestito? Stiamo ricadendo nell'abisso sovietico, nell'abisso dell'informazione che crea morte dalla nostra stessa ignoranza... per il resto, se vuoi continuare a fare il giornalista, devi giurare fedeltà assoluta a Putin. Altrimenti può significare la morte, proiettile, veleno, tribunale o qualunque soluzione i servizi segreti, i cani da guardia di Putin, riterranno più adeguata".

A difenderla c'erano solo i suoi libri e i suoi articoli.

In *Memorie di un rivoluzionario*, Victor Serge precisò: "Sono più interessato a dire che a scrivere, altri più bravi di me sa pranno curare le parole assieme ai fatti, io ora non ho tempo, devo dire e basta". Sembra essere lo stesso per Anna. I suoi libri sono immediati, veloci, hanno la potenza della scoperta, della novità, dell'informazione sconosciuta e resa nota. Ed è questo ciò che l'ha esposta.

«A chi in Occidente mi vede come la principale militante contro Putin rispondo che io non sono una militante, sono solo una giornalista. E basta. E il compito del giornalista è quello di informare. Quanto a Putin, ne ha fatte di tutti i colori e io devo scriverne» diceva dichiarando senza problemi che il suo non era un compito politico, ma assolveva alla necessità di scrivere. Detestava scrivere editoriali: «Non importa sapere che penso, ma quello che vedo» e andava avanti con i suoi racconti-inchiesta.

Anna Politkovskaja sapeva che solo i lettori l'avrebbero difesa, partecipava a moltissimi convegni internazionali, sapeva che la gente, gli occhi, l'interesse, avrebbero difeso le sue parole. E solo loro erano la sua scorta. I suoi strumenti erano il reportage e l'intervista, e quando questa era diretta a un'autorità, se il politico o il burocrate era evasivo o mendace, la Politkovskaja passava alla denuncia. Sono dozzine i processi ai quali la scrittrice ha partecipato anche solo come testimone. In un'intervista al quotidiano inglese "The Guardian", il 15 ottobre del 2002, raccontò: "Sono andata oltre il mio ruolo di gior nalista. L'ho messo da parte e ho imparato cose di cui non sarei mai venuta a conoscenza se fossi rimasta una semplice giornalista, che sta ferma nella folla come tutti gli altri". Fu forse questa la ragione che la spinse in Cecenia nel 1999. Da allora, articolo dopo articolo, iniziò a montare questo libro che oggi rappresenta uno dei più rilevanti documenti letterari del nostro tempo per comprendere la fisiologia di ogni conflitto, feroce, nascosto, abominevole, terribilmente moderno.

Politkovskaja è figlia della tradizione dei dissidenti dell'Unione Sovietica che, dagli anni '70 in poi, avevano adottato una strategia pacifica e nonviolenta per denunciare il regime. Aveva deciso di smascherare le menzogne del suo Paese attraverso i canali che lo stesso Stato russo aveva creato e così il suo piano non si esauriva nell'articolo, ma continuava nella denuncia. Non tutto era lasciato all'attività giornalistica. Le interessava fissare negli occhi i responsabili. Aveva seguito da vicino la storia dei torturati e delle ragazzine violentate. E l'aveva seguita direttamente nei processi. Quando riusciva, Anna otteneva la punizione dei carnefici e introduceva elementi probatori nello svolgimento dei processi rendendo giustizia alle vittime.

In questo libro emerge chiaro un principio: la forza della parola. Quanto pesa una parola. Quali calibri usare e su quali bilance misurarla. Domande che come febbri tropicali tormentano ogni particella di chi si avvicina da scrittore o da lettore alla letteratura. La letteratura è un atleta, scriveva Majakovskij, e l'immagine di parole che scavalcano la coltre d'ogni cosa, che superano ostacoli e combattono, mi appassiona abbastanza. Il peso specifico della parola letteraria è determinato dalla presenza della scrittura nella carne del mondo o dall'assenza di carne, invece, per alcuni.

Primo Levi in polemica con Giorgio Manganelli, che rivendicava la possibilità di scrivere oscuro, affermò che scrivere oscuro è immorale. La scrittura letteraria è labirintica, multiforme, non credo possano esserci strade univoche, ma quelle su cui devono posare i miei piedi le riconosco. Quando Philip Roth dichiara che dopo *Se questo è un uomo* nessuno può più dire di non essere stato ad Auschwitz, non di non sapere dell'esistenza di Auschwitz, ma proprio di non essere stati in fila fuori da una camera a gas. Tale è la potenza di quelle pagine. Libri che non sono testimonianze, reportage, non sono dimostrazioni. Ma portano il lettore nel loro stesso territorio, permettono di essere carne nella carne. In qualche modo questa è la differenza reale tra ciò che è cronaca e ciò che è letteratura. Non l'argomento, neanche lo stile, ma questa possibilità di creare parole che non comunicano ma esprimono, in grado di sussurrare o urlare, di mettere sotto pelle al lettore che ciò che sta leggendo lo riguarda. Non è la Cecenia, non è Saigon, non è Dachau, ma è il proprio luogo, e quelle storie sono le proprie storie.

Truman Capote l'aveva scritto poco prima di morire: "Il romanzo e la verità sono divisi da un'isola che si restringe via via sempre di più, ma stanno per incontrarsi. I due fiumi scorreranno insieme, una volta per tutte". E il rischio per gli scrittori non è mai di aver svelato quel segreto, di aver scoperto chissà quale verità nascosta, ma di averla detta. Di averla detta bene. Questo rende lo scrittore pericoloso, temuto. Può arrivare ovunque attraverso una parola che non trasporta soltanto l'informazione, che invece può essere nascosta, fermata, diffamata, smentita, ma trasporta qualcosa che solo gli occhi del lettore possono smentire e confermare. Questa potenza non puoi fermarla se non fermando la mano che la scrive. La forza della letteratura continua a essere questa sua incapacità di ridursi a una dimensione, di essere soltanto una cosa, sia essa notizia, informazione o sensazione, piacere, emozione. Questa sua fruibilità la rende in grado di andare oltre ogni limite, di superare le comunità scientifiche, gli addetti ai lavori, e di andare nel tempo quotidiano di chiunque, divenendo strumento ingovernabile e capace di forzare ogni maglia possibile. La potenza stessa che faceva temere ai governi sovietici di più Boris Pasternàk e *Il dottor Živago* e *I racconti di Kolyma* di Šalamov che gli investimenti del controspionaggio della Cia.

La potenza vitale della scrittura continua a essere condizione necessaria per distinguere un libro che val la pena di leggere da uno che val la pena di mantenere chiuso. L'universo dei campi di concentramento sembra spremere dalla letteratura impensabili stille di vita. Non mi interessa la letteratura come vizio, non mi interessa la letteratura come pensiero debole, non mi riguardano belle storie incapaci di mettere le mani nel sangue del mio tempo, e di fissare in volto il marciume della politica e il tanfo degli affari. Esiste una letteratura diversa che può avere grandi qualità e riscuotere numerosi consensi. Ma non mi riguarda. Ho in mente la frase di Graham Greene: "Non so cosa andrò a scrivere ma per me vale soltanto scrivere cose che contano". Cercare di capire i meccanismi. I congegni del potere, del nostro tempo, i bulloni della metafisica dei costumi. Tutto è coro e materia, con registri diversi. Senza il terrore di scrivere al di fuori dei perimetri letterari, prescegliendo dati, indirizzi, percentuali e armamentari, contaminando con ogni cosa. Lo stile è fondamentale, credo però avesse visto giusto Ernest Hemingway: "Lo stile è la grazia sotto pressione". La grazia dello scrivere, il suo tempo disteso, la riflessione profonda devono essere tenuti in ostaggio dalla situazione, dall'imperativo della parola di fare, di svelare. Una verità, quella letteraria, che è nella parola non nella persona. La verità delle parole nel nostro tempo si paga con la morte. Ci si aspetta che sia così. Ti addestri la mente che sia così. Ne sono sempre più convinto. Sopravvivere a una forte verità è un modo per generare sospetto. Un modo per togliere verità alle proprie parole. Ma le verità della parola e dell'analisi non hanno altro riscontro che la morte. Sopravvivere a una verità della parola significa sminuire la verità. Una verità della parola porta sempre una risposta del potere, se è efficace. "Potere" è una parola generica e sgualdrinesca. Potere istituzionale, militare, criminale, culturale, imprenditoriale.

E questa risposta, se non viene la parola della nuova verità, non ha ottenuto scopo. Non ha colpito. E la prova del nove per aver colpito al cuore del potere è esserne colpito al cuore. Una reazione eguale e contraria. E feroce. O si porta una verità condivisa, tutto sommato accettabile. O si porta la verità delle immagini, quella delle telecamere o delle fotografie. Verità estetiche, verità morali supportate dalle prove. Quelle comportano poco la scelta dell'individuo e molto quella dell'occhio. Come se l'uomo fosse smembrato isolando ogni suo organo. E all'intellettuale fosse destinata la stessa separazione dell'apologo di Menenio Agrippa. Il reporter è l'occhio, lo scrittore la mano e un po' di mente, il giornalista l'occhio e un po' di mano, il poeta il cuore, il narratore lo stomaco. Ma è forse giunto il tempo di generare un mostro a più mani e più occhi, un tempo in cui chi scrive possa invadere, coinvolgere, abusare di ogni strumento. Questo è il compito dello scrittore che si occupa della realtà e scrive per mezzo di essa. Le parole continuano a essere fondamentali, ma la solitudine di chi scrive e la pericolosità della parola sono ancora enormi.

Stanislav Markelov era l'avvocato di Anna Politkovskaja ed era l'avvocato che si batteva contro il rilascio anticipato del colonnello Juri Budanov, l'ufficiale di più alto grado condannato per crimini di guerra da un tribunale russo. L'hanno ucciso barbaramente con proiettili alla testa, il 19 gennaio 2009. Nel processo contro il colonnello Budanov, Markelov rappresentava la famiglia di

243

Elza Kungaeva, la diciottenne cecena stuprata e uccisa a Chankala da un gruppo di soldati russi. Il padre di Elza Kungaeva, da anni in Norvegia, riceve continue minacce di morte. Il colonnello Budanov è un intoccabile. In questi anni, l'omicidio di Elza è diventato il simbolo degli abusi commessi in Cecenia dalle truppe russe. L'episodio è raccontato in molte pagine del libro *La Russia di Putin* di Anna Politkovskaja. Vi si racconta anche il processo a Budanov, che probabilmente non sarebbe stato condannato senza l'attenzione mediatica che il suo libro aveva generato. Budanov era stato arrestato nel 2000, incriminato e condannato a dieci anni nel 2003. Di recente era però tornato in libertà, malgrado la campagna condotta dall'avvocato Markelov contro il rilascio.

L'avvocato Markelov è stato freddato per strada insieme ad Anastasija Baburova, giornalista della "Novaja Gazeta" – la stessa testata della Politkovskaja –, che aveva preso il posto di Anna nell'occuparsi delle inchieste sulla Cecenia.

Chi scrive, muore. Ad Anastasija sparano alla testa mentre cerca di fermare il sicario che aveva ucciso l'avvocato Markelov con cui lei lavorava. Ai killer era sembrato assurdo che una donna reagisse e non scappasse, e questo li aveva spiazzati. Anastasija è morta ribellandosi ai suoi esecutori. Aveva venticinque anni. Ora che la diffamazione non è riuscita a distruggere Anna, ora che le sue parole le sono sopravvissute, tutto è nelle labbra, negli occhi, nella memoria dei lettori.

Non avrei voluto che queste mie parole fossero definite una introduzione. Queste parole sono una preghiera, pronunciata con tutte le possibili frasi liturgiche al lettore che ha deciso di spendere il suo tempo a leggerle.

Una preghiera perché non smetta mai di riportare a tutti coloro che incontra quanto leggerà in *Cecenia* e perché non dimentichi il sacrificio di chi ha deciso di raccontare. Una preghiera affinché possa sentire sin dentro la carne ogni ora della vita di Anna Politkovskaja, una vita spesso passata sapendo di avere una scadenza, ma nella certezza che quella scadenza avrebbe riguardato solo il proprio corpo, e diffuso, come le costellazioni, le proprie storie depositandole in ogni lettore che le avesse incontrate.

Nota ai testi

Fatte salve le pagine iniziali (*Il pericolo di leggere*) e quelle di *Ossa di cristallo* – sinora inedite –, ciascuno dei capitoli di questo libro è stato rielaborato in vista della pubblicazione in volume. Le versioni originarie hanno visto la luce sulla carta stampata o nelle diverse occasioni che qui di seguito elenchiamo:

Lettera alla mia terra: "la Repubblica", 22 settembre 2008.
Miriam Makeba: la rabbia della fratellanza: "la Repubblica", 11 novembre 2008.
Da Scampia a Cannes: "L'espresso", 18 luglio 2008.
Combattere il male con l'arte: "la Repubblica", 31 ottobre 2008.
La verità, nonostante tutto, esiste: introduzione destinata al libretto di sala per la riduzione teatrale di *Gomorra*, ripresa in forma ridotta con il titolo *Come sta la verità nel paese di Gomorra* su "la Repubblica", 27 luglio 2007.
Quando la terra trema, il cemento uccide: "la Repubblica", 14 aprile 2009.
Giocarsi tutto: "la Repubblica", 15 febbraio 2008.
Tatanka Skatenato: "L'espresso", 31 luglio 2008.
L'uomo che era Donnie Brasco: "L'espresso", 4 febbraio 2008.
Siani, cronista vero: "il manifesto", 11 giugno 2004.

Il guardiano del faro: "L'espresso", 9 novembre 2007.

Nel nome della legge e della figlia nasce da interventi pubblicati su "El País" (11 febbraio 2009, con il titolo *Pidan perdón a Beppino Englaro*) e su "la Repubblica" (12 febbraio 2009, con il titolo *Chiedete scusa a Beppino Englaro*, e 23 gennaio 2009, con il titolo *La rivoluzione di un padre*).

Felicia: Nazione Indiana (www.nazioneindiana.com), 8 dicembre 2004.

La magnifica merce: "L'espresso", 8 marzo 2007.

Costruire, conquistare: "la Repubblica", 6 luglio 2007.

La peste e l'oro: "la Repubblica", 5 gennaio 2008.

Sindrome Vollmann: "L'espresso", 14 novembre 2007

Apocalypse Vietnam: "L'espresso", 31 maggio 2008.

Questo giorno sarà vostro per sempre: "L'espresso", 26 marzo 2007.

I fantasmi dei Nobel: "la Repubblica", 14 dicembre 2008.

Discorso all'Accademia di Svezia: dal discorso pronunciato durante la serata dedicata dall'Accademia di Svezia a Salman Rushdie e Roberto Saviano il 25 novembre 2008.

Il demone e la vita: "Pulp" numero 58, novembre/dicembre 2005.

L'infinita congettura: Nazione Indiana (www.nazioneindiana. com), 27 febbraio 2004.

Mai più in un mondo a parte: "Pulp" numero 48, marzo/aprile 2004, e Nazione Indiana (www.nazioneindiana.com), 3 giugno 2004.

Chi scrive, muore: introduzione a *Cecenia. Il disonore russo*, di Anna Politkovskaja, Fandango Libri, Roma, 2009.

Questo libro vuole anche essere un omaggio a chi ha creduto in me in questi anni. A chi in diverse forme è riuscito a starmi vicino e ha partecipato alla mia vicenda. A partire da tutti coloro che mi hanno nutrito della loro fiducia e dei loro insegnamenti, permettendomi di attingere a queste risorse per continuare a scrivere.

A chi, come Vincenzo Consolo, mi ascoltava quando ero ancora un ragazzino accogliendomi assieme alla moglie Caterina in casa sua come in un'officina di affetti, dove ho imparato la responsabilità della letteratura e il coraggio della parola.

A Goffredo Fofi che per primo mi ha invitato a guardare fuori dalla mia finestra e mi ha consegnato la lezione di tanti che hanno voluto e saputo incidere sia con le loro parole che con le loro quotidiane azioni su un territorio.

A Giuseppe Montesano che mi ha quasi adottato aprendomi le porte della letteratura con le nostre infinite discussioni sugli infiniti mondi che essa è in grado di generare.

A Corrado Stajano, autore di un libro senza il quale non avrei trovato la mia strada e che ha saputo insegnarmi il coraggio delle scelte più difficili.

Alla memoria di Enzo Siciliano che ha creduto nel mio talento e mi ha sempre dato spazio e ascolto.

A Helena Janeczek che c'è stata prima di tutto e c'è sempre nonostante tutto.

A Tiziano Scarpa che mi ha fatto divenire parte di Nazione

249

Indiana, offrendomi la possibilità di entrare in contatto con i miei primi lettori e con una comunità di amici scrittori che non mi hanno mai abbandonato.

A Francesco Pinto che mi spinse anni fa a non temere la tv.

Alle persone che lavorano con me e per le mie parole in Mondadori, e che, credendo in me sin dal progetto di *Gomorra*, mi hanno sostenuto anche nei momenti più difficili al di là dei loro compiti e obblighi professionali. E ai miei editori all'estero, che si sono adoperati per me con passione e intelligenza.

Alla direttrice e alla redazione dell'"Espresso" che si sono spesi per me sin da principio e hanno puntato sulle mie inchieste.

Al direttore e alla redazione della "Repubblica" che mi hanno concesso le loro pagine migliori e sono sempre stati al mio fianco.

A tutti gli altri giornali italiani che mi hanno difeso. E a quelli stranieri che mi hanno consentito di portare nel mondo quel che mi sta a cuore.

Alle molte persone che lavorano nei *media* – televisione e radio – e che si sono mostrate straordinariamente disponibili e generose nel concedere a me e alla mia vicenda lo spazio di programmi, servizi e interviste, contribuendo ad accendere l'attenzione e incidere sulla sensibilità dell'opinione pubblica.

Grazie a Michail Gorbaciov ed Elie Wiesel che sono stati tra i primi a firmare in mia solidarietà, a Lech Walesa e all'arcivescovo Desmond Tutu. Grazie a Shirin Ebadi, Betty Williams e Pérez Esquivel: loro che hanno vinto il Nobel per le loro battaglie seguono la mia vicenda con attenzione che so essere sincera; a Rita Levi Montalcini e Renato Dulbecco che assieme a Dario Fo sono intervenuti con la loro autorevolezza a farmi scudo appena l'aria intorno a me diveniva pesante. A Orhan Pamuk che in Germania ha voluto ascoltarmi e dirmi: «Ti esprimo un mio desiderio, ti prego di ascoltarlo. Vivi». A Wisława Szymborska e Günter Grass che mi hanno difeso in Polonia e Germania. A John M. Coetzee che ha voluto firmare in mio appoggio, così come Elfriede Jelinek e José Saramago. Grazie anche a Salman Rushdie che, essendoci già passato, mi ha consigliato come risolvere molti problemi quotidiani e come resistere sotto un assedio continuo.

Grazie a Joe Pistone *aka* Donnie Brasco che mi ha fatto partecipe della sua esperienza e mi ha offerto la sua amicizia suggerendomi come sopportare certe asfissianti solitudini.

A Claudio Abbado che mi ha fatto l'onore di dedicarmi il suo concerto al San Carlo di Napoli.

A Martin Scorsese che mi ha difeso dalla solita accusa di aver diffamato il mio Paese.

Alla Fandango che ha deciso di produrre il film quando *Gomorra* era appena uscito e ne ha fatto un'opera in grado di vincere il Grand Prix a Cannes e il David di Donatello.

A Mario Gelardi, Ivan Castiglione e a tutti gli attori che dal mio libro hanno tratto una versione teatrale rappresentata in tutta Italia, riuscendo a farlo diventare uno degli spettacoli più visti negli ultimi anni.

E a tutti quei colleghi e quelle personalità della cultura che hanno fatto proprie la mia vicenda e le mie parole e mi hanno offerto in diversi modi il loro sostegno: Martin Amis, Paul Auster, Ingrid Betancourt, Junot Díaz, Umberto Eco, Nathan Englander, Hans Magnus Enzensberger, Jonathan Safran Foer, Jonathan Franzen, David Grossman, Siri Hustvedt, Tahar Ben Jelloun, Jonathan Lethem, Caro Llewelyn, Mario Vargas Llosa, Claudio Magris, Javier Marías, Colum McCann, Ian McEwan, Patrick McGrath, Suketu Mehta, Adam Michnik, Taslima Nasreen, Chuck Palahniuk, Francesco Rosi, Cathleen Schine, Peter Schneider e i fratelli Taviani.

Ai musicisti che hanno voluto dedicarmi i loro brani o coinvolgermi nei loro progetti: Massive Attack, Subsonica, Fabri Fibra, Lucariello e 'A67.

Allo Stato italiano che mi ha difeso e particolarmente al nostro presidente Giorgio Napolitano che mi ha più volte dimostrato la sincerità della sua preoccupazione e del suo appoggio.

All'Arma dei carabinieri che mi protegge, all'intelligenza lucida ed esperta del generale Gaetano Maruccia che per me è stato un riferimento preziosissimo, al sostegno e all'amicizia del colonnello Ciro La Volla.

A Nando, Leo, Aristide, Francesco, Marco, Michele e Sebastiano, che tutti i giorni con coraggio, professionalità, affetto e spesso sacrifici personali sono al mio fianco, senza farmi mai pesare nulla.

A tutte le associazioni che per me si sono mobilitate, a tutte le persone che hanno dato vita a iniziative spontanee in mia difesa. Ad Alex Pecoraro e tutti coloro che sul web hanno costruito una rete di informazione e solidarietà. A chi ha utilizzato i social network Facebook e MySpace per creare una rete di attenzione e di sostegno.

Alle moltissime città italiane che mi hanno voluto offrire la loro cittadinanza onoraria – Roma, Torino, Bologna, Firenze, Venezia, Ancona, L'Aquila, Mantova, Montebelluna, Orvieto, Pisa, Reggio Emilia, Viterbo e le altre che purtroppo mi è impossibile elencare tutte – mostrando che il mio problema riguardava tutto il Paese e permettendomi di sentirmi ancora a casa in Italia.

Grazie a tutti quei Paesi che si sono offerti di accogliermi: la Spagna, che per molti mesi mi ha ospitato, la Svezia che mi ha dato asilo, la Germania che più volte mi ha dimostrato solidarietà e vicinanza, il presidente Shimon Peres che mi ha offerto rifugio in Israele e la Francia che mi ha reso cittadino della sua capitale. So di aver avuto molto sia dal mio Paese che dal resto del mondo.

E grazie, infine, alla mia famiglia, sperando che mi abbia perdonato per tutto quello che è stata ed è costretta a passare per colpa mia.

r.s.

Indice